盲導犬繁殖犬

チッパーさまさまね 定年おやじ奮闘記

白石 裕雄 著

KAIZOSHA

散歩に行くよ

相棒と部屋でごろごろ、お昼寝も

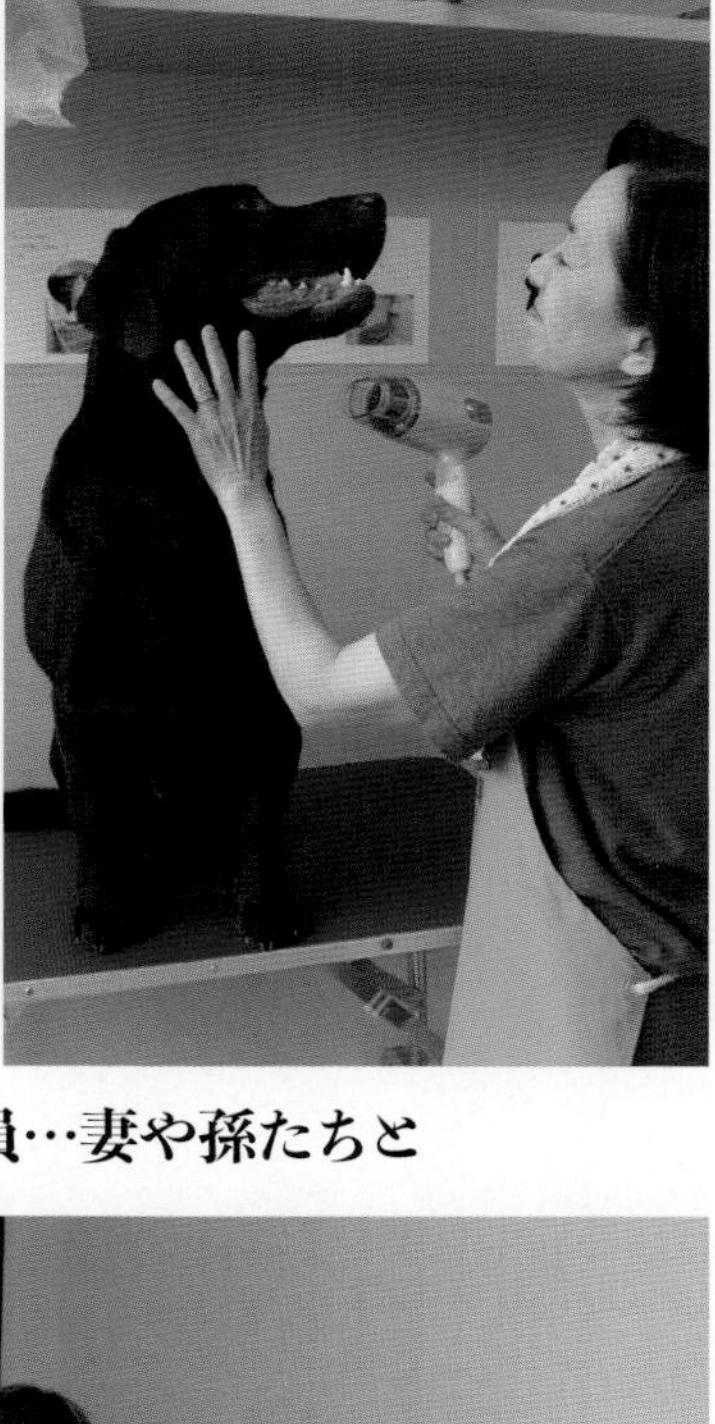

チッパーは家族の一員…妻や孫たちと

定位置でゴローンと

このレインコートはお気に入り

パソコンデスクの
下でおとなしく待機

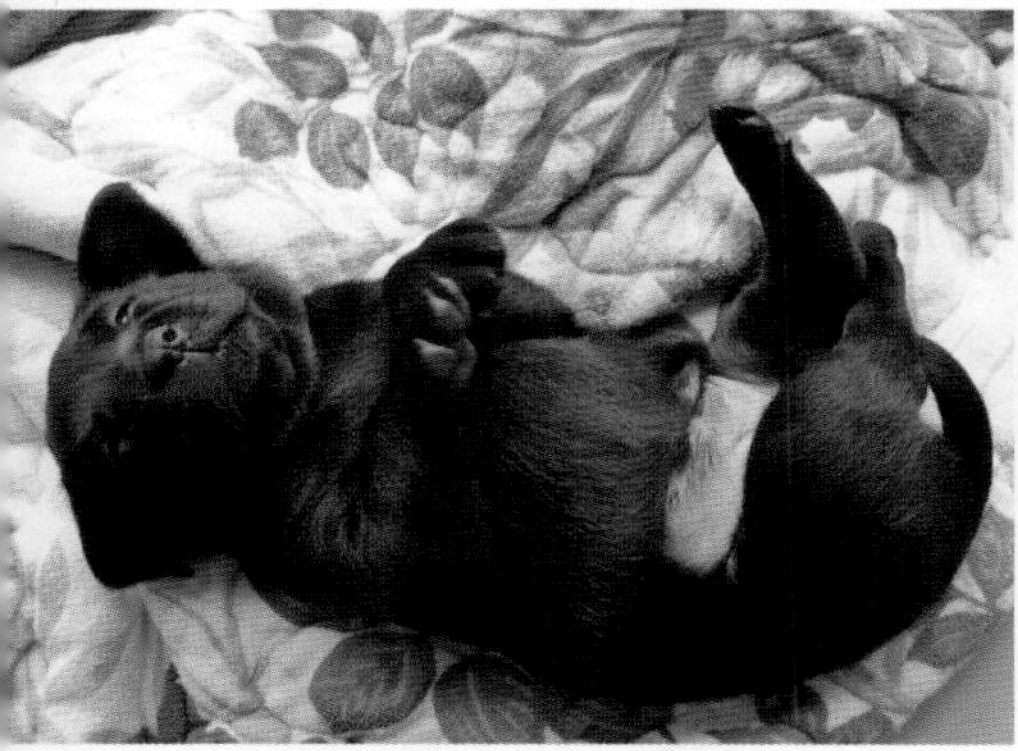

かわいい！ チッパーの子どもたち

〈2017年9月、富士ハーネスで〉

神奈川訓練センターでのチッパー〈２０２３年５月＝盲導犬協会提供〉

自宅で再会〈２０２３年６月〉

盲導犬繁殖犬って知っていますか？

はじめに

盲導犬は、目の不自由な人（視覚障害のある人）を安全に誘導することで良く知られています。しかし、その盲導犬を増やすための盲導犬繁殖犬の存在はほとんど知られていません。

私は60歳定年を迎えた年から、公益財団法人日本盲導犬協会（以下、盲導犬協会）の中で50人ほどしかいない盲導犬繁殖犬飼育ボランティアとなりました。気付けば相棒「チッパー」との7年以上の歳月があっという間に過ぎました。

盲導犬繁殖犬のチッパーはオスのラブラドールレトリバーです。体重が38キロもある大型犬で、足も尻尾も太くて8歳になった今もリードを引っ張る力がとても強いのです。この相棒の世話を続けるために筋力トレーニングがずっと欠かせません。こんな元気すぎるチッパーですが、家の中では常に私の側を離れません。今も私がパソコンを打っている足元で、安心しきった様子でイビキをかいて眠っています。夢を見ているのか、時々手足をバタバタと動かします。最初はひきつけでもおこしたのかと驚かされましたが、この頃はそんな姿を見慣れてしまいました。

相棒チッパーの登場で定年後の私の人生は劇的に変わりました。チッパーのおかげで毎朝5時からの1時間ジョギング散歩に始まり、決められた飼育スケジュールをこなす日々の生活で、定年後のさまざまな危機を乗り越え、今は精神的、肉体的にもこれまでの人生で最も充実した毎日を過ごしています。妻から「チッパーがいなければどうなっていたのかしら？　チッパーさまさまね」と言われているほどです。

子どものころから動物が大好きで、特に大型犬の飼育に憧れていました。しかし、現役バリバリのサラリーマン時代は仕事に追われてそんな余裕なんかありません。定年の数年前になって犬を飼いたいと妻に相談したところ、せっかく飼うのなら多少なりとも社会貢献につなげられたらいいね、と意見が一致しました。テレビなどで紹介される盲導犬はどの犬も賢そうで、目の不自由な人をリードする健気な姿に毎回感動していました。盲導犬はどんな訓練を受けてあれだけの仕事ができるようになるのか、とても関心がありました。盲導犬ボランティアについては何の知識もありませんでしたが、盲導犬協会のホームページで説明会が開かれることを知り、夫婦で参加しました。

全てはここから始まりました。

盲導犬繁殖犬飼育ボランティアとはどんなものなのか？　定年後に大型犬を飼育するメリット・デメリットは何か？　どうしたら盲導犬ボランティアになれるのか？

そうした疑問に私自身の経験から答えます。本書が盲導犬やそのボランティアへの理解を少しでも深め、読者のセカンドライフに役立つことができれば幸いです。

目次

第1章

相棒チッパーとの一日

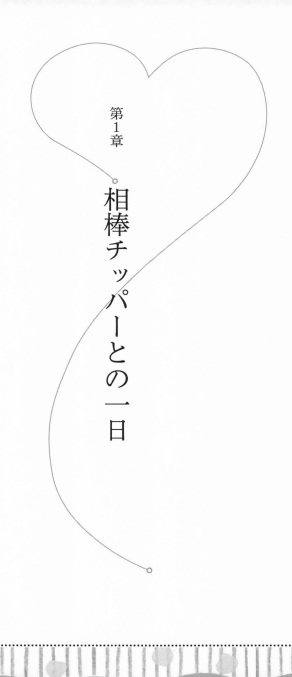

◯チッパー、散歩に行くぞ！

まだ暗い朝5時。念のためセットしている目覚まし時計が鳴る前に自然と目が覚め、寝床に未練を残さずに起き出します。何しろ、相棒チッパーがこれから始める1時間のジョギング散歩を楽しみに待っているので、どんなに眠かろうと2度寝なんてできません。

私が起きたと分かると、同じ2階のリビングで寝ていたチッパーもすぐに起き上がり、ブルブルと全身を震わせて散歩モードに切り替わります。大きな耳がバタバタと音を立て、太い尻尾をブンブン回して「今日も走ろうぜ」。前足をグイッと伸ばし、頭を下げてお尻を上げ、リード（引き綱）をつけやすい姿勢をとりながら近づいてきます。チッパーはチョコレート色のラブラドールレトリバー（通称チョコラブ）[※1]で、優し気な眼と大きな耳が垂れた体重38キロもある大型犬です。

早朝1時間のジョギング散歩が終わった後は、チッパーお待ちかねの朝

※1〈**チョコラブ**〉ラブラドールレトリバーは賢く穏やかな性格で、盲導犬だけでなく、警察犬、災害救助犬、麻薬探知犬などとしても活躍しています。愛犬家から「ラブ」と呼ばれ、手色がチョコレート色をしたものは通称「チョコラブ」とされます。盲導犬協会はラブラドールレトリバーとゴールデンレトリバーを盲導犬としています。

食タイムです。アメリカ生まれのチッパーは現地のパピーウォーカー宅で1年間育てられ、そこで基本的なしつけを受けました。「**シット**＝座れ」「**ウエイト**＝待て」の指示でお座りをして静かに待ちます。「**オッケー**＝いいよ」の声を聞くと、金属製のボールに計量カップで計った４００ccの水を大きな舌でベロンベロンとたちまち飲み干します。続いて１６０グラムのドックフードも、「**オッケー**」の声とともに大きな鼻を突っ込んで、ガツガツガツとあっという間に食べ終えてしまいます。満足したチッパーは窓際の定位置で横になって昼寝の時間です。

私はといえば、夏はもちろん真冬の寒い日も1時間のジョギングで全身汗まみれ。この汗でストレスも悩みも吹っ飛んでしまい、今朝も元気に走りきったとの達成感とともに風呂場に向かいます。浴室の窓から差し込む朝日を受けての入浴は最高です。風呂から上がって牛乳を飲みながら、「今朝も一仕事やり終えた」との満足感に満たされます。朝のジョギング散歩は文字通り「朝飯前の一仕事」です。まだ7時前、ベッドで1時間の朝寝をした後、ゆっくりと朝食をいただきます。

午前10時になるとチッパーを裏庭に連れて行ってオシッコ・ウンチをさせます。11時には水をあげ、昼過ぎの2時にも水をあげてオシッコをさせます。夕方5時過ぎからは1時間のウオーキング散歩、それが終わると朝と同じ量のエサと水をあげます。そして寝る前の夜中12時ごろに最後のオシッコをさせます。これが朝起きてから夜寝るまでの相棒との基本的な生活パターンです。

このチッパーの世話の合間をぬって、定年後に起業した仕事のウェブ会議を自宅ですることもあれば、妻の良子にオシッコ対応を任せて、数時間外出して仕事の打合せをしたりします。

こう書くとスケジュールに追われて大変そうに見えますが、7年以上この生活を続けているので生活習慣としてすっかり根付き、日々、問題なくこなしています。

チッパーと暮らす私たち夫婦の楽しみは毎日の晩酌です。まずは缶ビール3缶を用意して夕食をいただきます。食後、妻はすっきり系の白ワイン、私は重めの赤ワインを楽しみながら（1本空けちゃいます）、録画してあるニュース番組や映画を鑑賞します。この時のチッパーは散歩も食事も終えているので、ソファーの足元でいつも大きな寝息をかいてグッスリ寝ています。

朝夕それぞれ1時間の散歩のおかげで私の肝臓はすこぶる丈夫でビール腹にもなっていません。毎週土曜日の資源ごみの日は、大量の缶ビールの空き缶とワインのボトル（妻に言わせると、大半は私が消費したとのことです）をごみ集積場に出しますが、この作業はチッパーとの早朝散歩後の私の担当なので、この点では妻には迷惑をかけていないはずです。

○相棒との散歩コースを紹介します

相棒チッパーとの散歩は、朝5時のジョギングコースと夕方5時ごろスタートするウオーキングコースがそれぞれ決まっています。チッパーは好奇心が強くリードを引く力がとても強いので、他の犬との遭遇接触トラブルを避けるため、飼い犬となるべく出会わないコースを選びました。

私の住まいがあるのは東京都大田区です。大田区と言うと羽田空港のほか、小説やTVドラマ「下町ロケット」などで有名となった町工場群のイメージが強いようです。それだけでなく、高級住宅街とされる田園調布や久が原もあります。わが家は日蓮宗総本山池上本門寺の裏手です。自宅2階のリビングの窓からは池上本門寺のこんもりとした森と、その上に顔を出す五重塔が見えて、まるで京都にいるかのような景色です。周辺は池上本門寺を中心に多くの寺院が点在する静かで落ち着いた住宅街です。散歩コースは池上本門寺を中心にした大きな円に沿って歩きますが朝は左回り、夕方は右回りと変化をつけています。

このあたりは住宅街になる前は小高い丘だった地域で、コースの途中いくつもの坂を上り下りするタフな道中です。チッパーと散歩を始めた頃は1時間続けて走れませんでした。少し走っては歩き、少し歩いては走る、そんなサイクルをこなしながらだんだんと走る距離を延ばしました。ジョギングコースの途中、最大斜度14度とかなりきつめの貴船坂があるのですが、散歩を始めたころは避けていました。坂の下から見上げるとスキーのゲレンデのようで、とても走って登り切れるとは思えなかったからです。ところが毎日走り続けているうちに、今では楽々とまではいかないものの、なんとか一気に駆け上がれるようになりました。まさに「継続は力なり」を実感しました。

散歩コースには有名な史跡や名所スポットが数多くあります。特に散歩の中間点にある池上本門寺は日蓮聖人が入滅（臨終）した史跡で、大堂には御尊像がまつられています。本門寺の朝の境内では多くの僧侶の読経が木魚の音と共に聞こえてきて、山門でチッパーをかたわらに座らせてお参りをすると、心が洗われる気がします。小高い山の上にあるこの寺に向かう途中に見晴らしの良いポイントがあり、条件が良ければ富士山がくっきりと見えます。

夕方の右回り散歩も他の犬となるべく出会わないコースにしています。昼間の仕事やジム通いで疲れてしまうのと、暑さに弱い（特に夏場）チッパーに配慮して、ジョギングせずにウオーキングです。このコースでは池上本門寺の五重塔の裏手を抜け、日本プロレス界の父と言われる力道山の墓の前を通ります。立派な墓石の前には腕組みをした力道山の銅像があるので、彼の墓であることがすぐにわかります。また、本門寺の西、第二京浜に近い場所にはウメの名所、区立池上梅園があり、2月から3月にかけての開花シーズンには観梅客で賑わいます。この時期は散歩を一休みして、チッパーと柵の外から白やピンクのウメの花見物です。ここは戦前まで日本画家の伊東深水の自宅兼アトリエで、高低差を生かして斜面に広がる梅園や茶室が有名です。

自宅の最寄り駅は都営地下鉄浅草線の終点、西馬込駅です。周辺には関東大震災（1923年＝大正12年）後の大正末期から昭和初期にかけて、多くの文士、芸術家が移り住み、互いに行き来して交流を深めた馬込文士村があり、記念館や住居跡案内板が散歩コースに点在しています。チッパーとこの辺りを散策、「へぇー」に出会うのは楽しみです。篠山紀信の写真集で見たことがある三島由紀夫の旧宅を見つけた時は、ドキドキしました。洋館の白い塀には今でも「三島由紀夫」の表札が出されています。

○盲導犬繁殖犬飼育ボランティアとは

盲導犬は広く知られていますが、盲導犬繁殖犬についてはほとんど知られていません。盲導犬繁殖犬は名前の通り、盲導犬の母親・父親になる犬で、それを自宅で飼育するのが盲導犬繁殖犬飼育ボランティアです。１歳を過ぎた繁殖犬を預かって盲導犬協会が行う繁殖事業に協力すると同時に、その繁殖犬を生涯にわたって世話をします。ただ、散歩中のチッパーを一般の人が見かけたとしても、ハーネスはつけてないし「繁殖犬マーク」もないので、盲導犬繁殖犬とは分かりません。盲導犬協会の中でも盲導犬繁殖犬飼育ボランティアは50人ほどしかいません。

チッパーはオスのラブラドールレトリバーです。飼い始めた1歳の時は体重25キロでしたが、それから7年して8歳になった今は38キロにまで増え、盲導犬協会の他の犬と比較してもずば抜けた大きさです。協会の担当者から「チッパーは、山の中ではクマと見間違えられて猟師に狙われるな〜」と冗談を言われるほどです。散歩をしていると子どもたちから「ママ、大きな犬だよ」と驚かれ、一言「デカ！」と声を上げる子もいます。

散歩の時はリードをグイグイと引く、超々元気なチッパーですが、家の中では従順で常に私の側を離れません。私たちが食事をしている時はテーブルの下で、食事が終わるまで伏せの姿勢で静かに待ちます。チッパーは私たちに預けられる前に、アメリカのパピーウォーカー宅で人の食べ物を与えない生活をしつけられてきたので、人の食べ物の味を知りません。結果として、ドックフード以外、人の食べ物などには興味を示しません。また、テーブルの上の物へのいたずらもしません。家の中では非常に賢く上品な相棒です。夕食後、私がリビングでテレビを観ている時は、隣にきて体を寄せて気持ちよさそうな寝息をたてて眠ってしまいます。たまに大きなイビキをかいて驚かせます。体が大きい分、鼻も大きく、まるで吹奏楽器のごとく振動して響きます。今もパソコンを打っている足元で眠っていますす。夢の中で走り回っているのか、時々手足をバタバタと激しく動かします。

○　想定外の強さ、リード切れた！

盲導犬繁殖犬は次世代の盲導犬を増やす重要な役割を担っているため、血統の多様性を考慮して選ばれています。※2 サラリーマンを卒業した定年オヤジが、そうした犬をきちんと育てられるのか当初は不安でした。しかし、定年2年前にボランティアに決まると、盲導犬協会の神奈川訓練センター（横浜市港北区）で十分に時間をかけ、文字通り〝手取り足取り〟で飼い方の基本から応用まで訓練をしてもらいました。おかげでまずはスムーズに飼育がスタートしました。

チッパーは盲導犬ではありませんが、基本のしつけがされていてコマンドという英語の指示語に従います。コマンドが英語なのは犬に対して指示がストレートに伝わるからと説明されました。例えば「シット」も日本語なら「座れ」「座りなさい」「お座り」と人によりさまざまな言い方があり、

※２〈**繁殖犬の多様性**〉盲導犬ユーザーの年齢や生活スタイルはさまざまで、それぞれのユーザーに適した盲導犬を提供することが望ましい。そのために盲導犬協会は、さまざまな血統の繁殖犬を導入することで多様性を大切にしている。それぞれの良さを引き出し、盲導犬ユーザーに適した性格の子犬が誕生するようにしている。

犬が混乱してしまう恐れがあります。その点英語の「シット」はシンプルに意図を伝えられる、というのです。

シット＝座れ
ダウン＝伏せ
ゴー＝進め
カム＝来い
ウエイト＝待て
ハウス＝ケージに入れ

などのコマンドがあります。

チッパーは頭が良く、飼い主に忠実で、複数のコマンドを理解して行動します。室内にいるときは私のそばにいつも寄り添っています。無駄吠えは一切しません。仕事部屋からリビングに移動する時は、太くて長いムチのような尻尾をフリフリして嬉しそうについてきます。ソファーに座る私を、伏せの体勢で下からじっと静かに見つめる相棒を見ていると、まるで「ライオン・キング」の若き王者「シンバ」になったような気分になります。

想定外だったのは、リードを引く力の強さです。チッパーを飼い始めた時はナイロン製のリードを使っていました。あるとき、散歩の途中でチッパーが何かの匂いに反応して動かなくなりました。コマンドをかけても動こうとしないので、こちらも負けないよう綱引きの要領で力いっぱいリードを引っ張ると、ブチッと音がしてリードが切れてしまいました。私は反動で後ろに倒れそうになりましたが、何とかこらえました。一方チッパーもいきなり引っ張られていた力が抜けたので一瞬何が起きたかわからず、「どうしたの？」という表情でこちらを見ていました。どこかに行かないよう、すぐに首輪をつかみ、何とか家に連れて帰りました。

2度目にリードが破壊されたのは、散歩の最中に小型犬が寄ってきた時です。よほどその犬に興味を持ったのか、いつもより強い力で引っ張られました。引き倒されそうになりながら必死にこらえると、今度はリードの金具を縫い付けていた糸が切れてしまいました。驚くべきチッパーの力の強さです。

幸いこの7年間で私が引き倒されたのは一度だけです。お寺の境内の砂利場を歩いている時に急に引っ張られ、見事に前方に倒されてしまいました。ケガはありませんでしたが、こうした経験から家族にはチッパーの散歩は任せられなくなりました。ただ、飼い始めた頃に比べると、年とともにチッパーのリードを強く引く癖も大分改善されてきました。大人になるにつれ大人しくなってきたようです。

ナイロン製のリードは軽くて使い勝手が良いのですが、散歩の途中で引きちぎられたことが重なったため、それ以降は盲導犬指導員が使うとても丈夫な皮のリードを使っています。しかし、引く力が異常に強いので、丈夫で安全なはずの革製のリードも金具の縫い目の部分から引きちぎられてしまうことがあります。

散歩の時は常に引き倒されないように注意していなければなりません。下手に指や手首にリードを巻いていると、他の犬にチッパーが反応した時に引き倒されて大けがをする可能性があるので、少しも油断できません。リードが足の後ろ側にあるとチッパーの強い力で確実に倒されてしまいます。米映画「ホーム・アローン」で、間抜けな泥棒が大型犬に同様の方法でひっくり返されたシーンをつい思いだしました。

第2章

定年後、盲導犬飼育でお役にたちたい

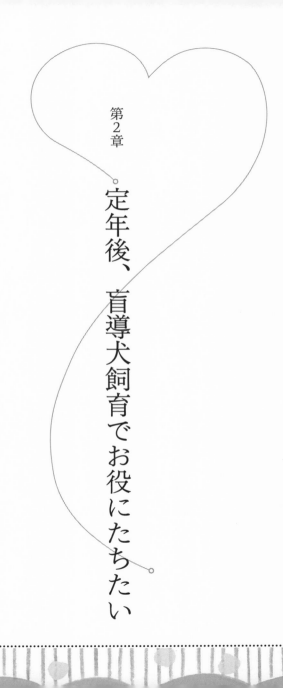

○セカンドライフ戦略を

盲導犬ボランティアになりたいと思い始めたのは55歳の役職定年を迎えてからです。この時点では60歳の定年後にやりたいことが見つかっていませんでした。私の会社では先輩の多くは定年後に新たな仕事につかず、年金生活に入っていました。定年後のセカンドライフはそれで良いのだろうか？　モヤモヤとした気持ちは抱きましたが、具体的に何がやりたいのかが分かりませんでした。

私が生まれた１９５４年（昭和29年）当時の男性の平均寿命は64歳でした。ですから数字上は父親世代前のサラリーマンは55歳前後で定年となり、その後10年ほどで寿命を迎えたことになります。定年後の特段の対策をしなくても、退職金と年金で余生を過ごしていれば経済的には何の問題もありませんでした。当時の実質的な年金額は今よりずっと多かったうえに、銀行や郵便局の利率も高く、退職金を銀行に預けておけば十分な利息もついて、お金の心配をせずに定年後を過ごせる時代でした。

ところが現在の男性平均寿命は81・05歳です（厚生労働省・２０２２年簡易生命表）。定年後、平均寿命を迎えるまで20年以上もあり、生まれてから成人になるまでの時間を超えます。それほど長い時間が定年後に残されているのです（もちろん平均の数字なので、個人によって違います）。これほど長い「余生」（あえて昔の呼び名で書いています）に対して、明確なセカンドライフ戦略を立てなければ大変なことになる、との強い危機感をおぼえました。一方で、これほどの時間が残されているなら、サラリーマン現役時代にはやりたくてもできなかった、仕事以外のことをやろうと決意しました。そうして出した結論が、盲導犬ボランティアでした。

今から振り返ると、定年前に十分時間をかけて納得できる計画をしっかりと立てたのは大正解でした。

定年になった翌日から長年勤めていた会社との縁が切れてしまいます。それまでの肩書も同僚との付き合いも、もちろん給料もなくなります。「毎朝出勤しなくても良い」と、気楽に思える期間はそれほど長くはありません。もしも事前に定年後の計画がなければ、あまりの変化の大きさに戸惑ってしまったでしょう。

私の場合、いざ退職日が近づくにつれ憂鬱《ゆううつ》になりました。会社から支給された携帯電話や入館カードを返却し、事務所にあった自分の荷物を自宅に送りましたが、周囲の目が何かよそよそしく変わっていくように感じられました。定年とは思っていた以上に大きな人生の転機だと思い知らされ、大きな喪失感を味わいました。

○子どもの頃の思い 実現へ一歩

私は子どもの頃から動物が好きで、中でも犬が大好きでした。犬を飼いたかったのですが潔癖症の父から大反対されました。そこで、当時小学校低学年だった私は、近所の飼い犬の散歩を手伝うことを思いつきました。たまたま隣の家では当時珍しいアメリカンコッカースパニエル犬を飼っていました。この犬種はディズニー映画「わんわん物語」のヒロインとして登場、垂れた長い耳とつやつやした長い毛が特徴です。この家のおばさんにお願いして、何度も散歩に連れていった思い出があります。今考えると、隣家の子どもとはいえ、血統書付きの犬の散歩をよく任せてくれたものだと感謝しています。

昭和30年代に普及が進んだ白黒テレビでは、大型犬が外国のテレビドラマに登場して活躍していました。ドラマやアニメ、映画にもなった「名犬ラッシー」では賢い大型犬ラフコリーのラッシーがけなげに故郷を目指します。西部劇ドラマの「名犬リンティンティン」ではジャーマンシェパードが大活躍しました。

日本のドラマ「少年ジェット」では、主人公が白いマフラーをたなびかせて走らせるバイクを、ジャーマンシェパードの相棒シェーンが全速力で追走するシーンに感動しました。このドラマを真似て、仮想のシェーンを連れて少年ジェットになったつもりで、近所の原っぱで自転車を走らせたりしました。大型犬に憧れ、いつかは賢くて頼もしい大型犬を自分で飼ってみたいという強い思いを抱いていました。

しかし、学校を卒業してサラリーマン生活が始まると仕事に追われ、そんな憧れもすっかり忘れていました。定年になる数年前、たまたまテレビで見た盲導犬のドキュメント番組で、盲導犬の賢い姿に釘付けとなりました。

交通量の多い道でも目の不自由な人を安全に誘導する犬はどんな訓練を受けているのだろうか？

盲導犬にはどんな優れた能力があるのだろうか？

そうした盲導犬と関わるにはどうしたらよいのだろうか？

盲導犬に対する関心と思いがふつふつとわいてきました。子どものころに憧れたラッシー、リンティンティン、シェーンの姿と盲導犬が重なりました。「定年後には盲導犬に関わるボランティアをやりたい」と妻に話すと、大賛成してくれました。妻も犬好きで、中でも大型犬が大好きでした。家の前をシェパードと散歩しているおじいさんに、「この犬に触ってもいいですか」と声をかけるほどでしたから。

でもどこに連絡すればいいのか分かりません。そこで、ネットで調べた盲導犬協会のホームページにアクセスすると、ボランティア説明会開催のお知らせが出ていました。早速申し込み、夫婦で参加しました。何も知らなかった盲導犬の世界に足を踏み入れました。

第3章

チッパー対面まで長い道のり

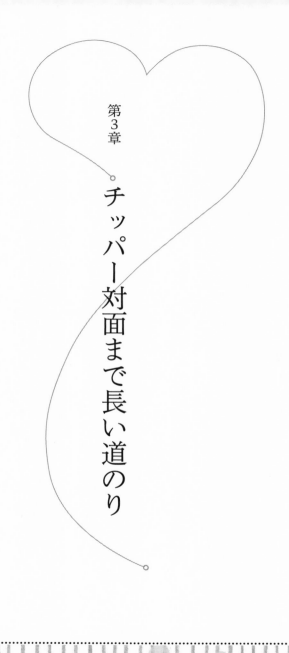

○パピーウォーカーにはなれませんでした

盲導犬協会にコンタクトをしたのは定年2年前の2015年の春ごろでしたが、そこから盲導犬繁殖犬のチッパーと出会うまで約2年かかりました。この間、盲導犬繁殖犬を知り、その飼育ボランティアになるための訓練や自宅の調査、トライアル（お試し期間）などいくつもの過程を経験しました。そして、盲導犬繁殖犬について何の知識も経験もなかった私が相棒との7年余の濃密な時間を過ごしてきました。この3章と次の4章では、盲導犬協会との初めてのコンタクトからチッパーと出会うまでを振り返ります。

盲導犬協会のホームページで紹介されていたのは、「パピーウォーカー」募集の説明会でした。パピーウォーカーは盲導犬候補の子犬を1年間自宅で育てるボランティアです。私たちはすぐに盲導犬協会に連絡して、説明会に参加することにしました。本当は子どものころから憧れていた大型犬を飼いたかったのですが、その大型犬の子犬もとてもかわいいはずなので、1年という期間限定でもやってみようと、夫婦で説明会会場の盲導犬協会神奈川訓練センター（横浜市）に向かいました。この時点では盲導犬繁殖犬やそれを飼育するボランティアのことは全く知りませんでした。

自宅から車で約1時間、第二京浜から玉川インターで第三京浜に入り、都筑インターを降りるとすぐに、盲導犬協会の看板が見えました。盲導犬の訓練場を兼ねた神奈川訓練センターは一見学校のような建物で、入口からすぐのところが駐車スペースです。エントランスの前には白い砂利を敷き詰めた円形の場所があり、ジョーロやホースが置いてありました。車で連れられてきた犬に、ここでオシッコをさせる場所です。

建物に入ると廊下の壁に盲導犬に関する説明パネルが掲示されていて、これまで知らなかった盲導犬に関する説明がいろいろ展示されていました。盲導犬になれるのはパピー（子犬）のうちの3割程度で、あとの7割の犬は盲導犬には向いていないと判断されてしまいます。訓練士はそれぞれの犬の特性に合わせて訓練方法を工夫したりしています。例え作業がよくできる犬でも、それが犬にとってストレスになる場合は盲導犬にしないそうです。特に、ユーザーのライフスタイルに合っているかどうか、互いにストレスなく信頼関係を築けそうかどうかが見極められると聞きました。盲導犬に向いていなかった犬は、キャリアチェンジ犬として一般家庭（キャリアチェンジ犬飼育ボランティア）で世話されます。

ユーザーも初めて盲導犬を持つ場合は、訓練センターの宿泊施設に約2週間泊まり込んで、犬と一緒に暮らしながら、犬の世話や外を歩く練習を受けます。さらに、ユーザーの自宅付近で2週間の歩行訓練などを受けて認定となります。この施設が学校のように見えたのは、ユーザーの宿泊施設でもあるからでした。盲導犬についてどれもこれも現場に来て初めて知ることばかりでした。

指定された時間になり、私たちを含め数組の家族が会議室に呼ばれ、説明が始まりました。子犬を育てるにはさまざまな決まりごとがありました。

まず、最初の項目は室内で飼わなければならないことです。そのため、家族構成や家の図面を書いて提示し、審査されます。ここは良かったのですが、次の項目が問題でした。子犬が寂しがるので、パピーウォーカーはできるだけ家族の不在時間がない方が望ましいというのです。私たち夫婦は週に2回、毎回4時間ほど筋トレのためにジムに行くので、この条件をクリアできませんでした。パピーウォーカーのほとんどは、子どものいる家族です。その世代なら誰かが必ず家にいて子犬を見ていられるからなのでしょう。わが家は戸建ての2世帯住宅。私たち夫婦は2階で暮らし、1階は長女夫婦と3人の孫が暮らしています。飼い始めた時は小学生だった一番下の孫は大きなチッパーにこわごわでしたが、高校生になった今は「かわいい」と言いながらチッパーを撫でまわしています。でも、私たちは最初にこのボランティアを検討した時から長女一家に負担をかけずに、夫婦2人だけで対応すると決めていました。

子犬がダメなら成犬でも良いと、今度は盲導犬になれなかった犬の面倒をみるキャリアチェンジ犬飼育ボランティアに登録しました。これなら子どものころに憧れていた大人の大型犬を飼うことができると思ったからです。しかし、登録から1年以上経っても盲導犬協会からは何の連絡もありませんでした。キャリアチェンジ犬の多くは一通りの盲導犬訓練を受けているので飼いやすい、と聞きました。連絡が1年以上来ないのは、希望する人が多い割に犬の数が少ないからなのかもしれない、そう思って盲導犬ボランティアをあきらめかけた頃に協会からメールが届きました。

「子犬を産む親犬（繁殖犬）を育てるボランティアに登録をしませんか」

繁殖犬は生後1年以上経っているので、犬だけを家に残して誰もいない時間が多少あっても問題はないというのです。

これなら、子どもの頃から憧れていた大型犬飼育が実現できると喜びました。ところが、このボランティアの条件は当初の予想よりもなかなか厳しいものでした。繁殖に伴う盲導犬協会からの指定日には、毎回必ず施設まで連れて行かなければなりません。定年後も仕事をしている私に対応できるのだろうか、と心配になりました。でも、相棒チッパーを飼い始めてから不思議なほどその都度何とかなり、余計な心配だったと知りました。

○決められたルールで飼育

　盲導犬繁殖犬はメスの場合、繁殖時期には確実に妊娠させるために体温測定や血液検査で頻繁に協会の神奈川訓練センターに通わなくてはなりません。私の自宅からだと車で第三京浜都築インター近くにある訓練センターまで片道約1時間かかります。その半面、妊娠すると出産までの2カ月間は、静岡県富士宮市にある協会施設の日本盲導犬総合センター（愛称・盲導犬の里　富士ハーネス）がフォローしてくれます。この施設は盲導犬の一生をトータルにケアし、総合的な盲導犬の情報発信地として日本で唯一、常時見学できる盲導犬訓練施設です。ですからメスを担当した場合は出産までの2カ月間は犬の世話から解放されるのです。

　一方、オス犬の場合は妊娠可能なメス犬が出たときに声がかかり、指定された日時に神奈川訓練センターまで車で連れていきます。いつ声がかかるか分かりませんし、連絡があった場合にはその日時にきちんと連れて行かなくてはなりません。協会の職員の支援を受けつつ、これを12年間続けます。

盲導犬協会の犬を委託契約で預かるので、犬との接し方もペットと違って決められたルールを守ります。まず食事は指定されたドッグフードのみで、それ以外のおやつは厳禁。夜寝るときはケージの中に入れなければなりません。また、ソファーの上にのぼらせてはいけないし、車に乗せる場合もシートに座らせないで、必ず床にいるようにします。朝と午後と夜寝る前に裏庭につれて行き、オシッコをさせるコマンドをかけます。日本では「**ワンツー**」というコマンドですが、パピー時代に米国でしつけられたチッパーには「**ビジー**」のコマンドでオシッコを促します。大型犬では朝と晩に1時間程度の散歩が欠かせません。一見厳しいようですが、繁殖犬もパピー時代に盲導犬として暮らしていくのに必要な振る舞いやしつけを受けており、ボランティアに飼育されるようになってもパピー時代の生活習慣を踏襲することで犬が精神的に安定する、との説明を受けました。

散歩以外の時間は家の中で過ごす室内飼いが絶対条件です。オシッコ・ウンチは、決められた時間に決められた場所（わが家では自宅裏庭）でさせます。近ごろ、加齢に伴いトイレが近くなってきた私は、もしチッパーが夜中に尿意を催したらどうするのだろう――朝まで我慢するのか室内でしてしまうのか――と心配になりました。でもチッパーにはそんな心配は不要だったようです。飲ませる水の量をしっかり管理されているからです。それでも、妻はチッパーも年をとればオシッコが近くなるのではないか、と心配しています。さて、この先実際どうなるのでしょうか、なってみないとわかりません。

想定外だったのは、繁殖犬をペットホテルや動物病院に預けてはいけないという決まりでした。他の犬との接触トラブルや感染防止のためとのことです。ということは、盲導犬繁殖犬飼育ボランティアを始めたら、繁殖犬をペットホテルなどに預けての泊りがけ旅行には行けないということです。もちろん、冠婚葬祭などどうしても出かけなければいけない用事が生じた時は、盲導犬協会に申請すれば一時預かってもらえます。また、犬と一緒に泊まれる宿泊施設も各地で増えてきており、犬連れの旅行も行きやすくなってきました。それでもこのボランティアを始めてから7年間、私たちは日帰りの旅行にさえも行かなくなりました。意外だったのは、大好きだった旅行に行くよりも自宅でチッパーと過ごすほうが数段楽しい、そう思えるようになったことです。不思議ですね。

盲導犬協会の決まりの極め付けは、どの犬も大好きな、電信柱などにかけられた他の犬のオシッコの匂い嗅ぎをさせないことです。確かに、盲導犬がユーザーを誘導する際に電信柱などの匂い嗅ぎをしてたら仕事になりません。なので、パピー時代から（匂い嗅ぎなんかしないで）常に人の横について歩くことをしつけられています。（ユーザーを誘導することがない）繁殖犬もパピー時代からそうしつけられているので、一貫性をもって対応した方が犬のストレスにならないとのことでした。若い女性職員が笑顔で説明する内容がとても厳しかったので、思わず妻と顔を見合わせてしまいました。

さてさて、こんなに厳しい条件でボランティアを引き受けるかどうか悩みました。すると担当者がこれから出産予定だというレトリバーを連れてきました。「触ってもいいですか」とことわって頭をなでてやると、うれしそうに太い尻尾を力いっぱい振り、頭をこすりつけてきました。その姿を見ているうちに、多少の不便は仕方がないと割り切りました。目が見えない人の苦労に比べれば、どれもこれも大した問題ではないのです。「全ての条件を承諾します」と答えました。

「ところで、いつ頃から犬を預かるのですか」と聞くと、「それはわかりません。早ければ数カ月先に出るかもしれませんが、もっと時間がかかるかもしれません」との話でした。妻は「メスなら妊娠から出産まで2カ月休めるね、その間旅行もいけるからメスのほうがいいわよ」と言うのですが、オスメスどちらになるのかもわかりません。何はともあれ、飼育開始が決まるまでは、せいぜい夫婦で泊りがけの旅行を楽しむことにしました。

○まずは歩行訓練

盲導犬繁殖犬飼育ボランティアに登録してしばらく経ったころ、繁殖犬を預かる候補になったとの連絡がありました。その準備として、まずは3回の歩行訓練を受けなくてはなりません。大型犬はリードを引く力が強く、散歩するにも注意が必要です。その他、大型犬を室内で飼育する際のしつけについても順次教えてもらいました。この時点では米国生まれのチッパーはまだ日本に到着しておらず、どんな犬なのかも知りませんでした。盲導犬は繁殖計画に従って、欧米などから新たな血統の犬を加えていきます。チッパーは新たな輸入先となった米国ニューヨーク州にある繁殖センターで生まれ、米国人のパピーウォーカーに1年間育てられたとのことでした。

歩行訓練で指定された日、朝9時に協会の神奈川訓練センターに到着しました。職員の女性指導員が運転するワンボックスカーに乗り換えて、訓練センター近くの広い公園に移動。ワンボックスカーの後部に置かれたケージから、1頭のラブラドールレトリバーを下ろしました。まず、指導員からリードの持ち方を教わりました。盲導犬はユーザーの左側を歩くのが原則です。右手の親指にリードの先端の輪をかけて、左手は親指を上に向けてリードの首輪に近い部分を持ちます。他の犬やネコなどに反応した時でも、素早く引き寄せられるように常に意識するのです。一緒に歩いてみると、結構強い力で引かれてしまいました。

「犬のペースにならないように、コントロールしてください」

横に付き添う指導員からリードの引き方や引き戻すタイミングを教えられました。慣れないうちは犬の行動が予測できないため、こうした指導をしているとのことでした。

また、道を横断するときは「**シット**」とコマンドをかけて一度座らせ、それから横断します。他の犬が近づいて来たら、そちらに興味が行かないように犬の名前を呼びます。

朝のすがすがしい空気の中、緑豊かな公園には大きな池が広がり、数羽のカモが泳いでいました。これが歩行訓練でなければ、のんびりとした時間を満喫できるのでしょうが、慣れないことの連続で肩に力が入り、歩調もぎこちなくなってしまいます。

「定期的に声をかけてください」と指導員から笑顔で言われ、名前を呼んで振り向いた犬を「**グッド、グッド**」とほめます。盲導犬にはコマンドという命令語が決まっていて、ほめるときは「**グッド**」、指示と違う時は「**ノー**」。このあたりまでは覚えられますが、犬が先に行きがちの時は「**ウエイト**」（待て）、ユーザーの横につけは「**ヒール**」。慣れるまでが大変でした。加齢と共に記憶力が落ち気味の私には、このボランティアはボケ防止に役立つかもしれません。1時間ほどの歩行訓練は、初対面の犬との対応で予想以上に疲れました。営業職だった現役時代は初対面のお客様の対応には気を使いましたが、犬でも初対面は人同様に気をつかうものだと知りました。

○第2段階は自宅訓練

神奈川訓練センターでの3回の歩行訓練を終え、次は自宅に指導員に来てもらい飼育の環境確認をしてもらう段階に来ました。

当初は、相棒になる繁殖犬チッパーも指導員と一緒に来る予定でした。どんな犬が来るのか、ワクワクしながら午後2時の到着を待ちました。ボランティアに応募してから1年以上も待ち、やっと相棒と会えるのです。

しかし、2人の指導員に連れられて車から出てきたのはチッパーではなく、別の犬でした。チッパーは先週、アメリカから無事日本に到着したけれども、「チッパーの状態の確認作業が遅れているので今日は代役を連れてきました」と説明されました。犬の繁殖期のこの時期は、職員は多様な仕事を抱えています。チッパーとの対面をじらされているような気持ちにもなりましたが、仕方ありません。

連れてきた犬と歩行訓練に出ました。犬は新しい場所の散歩に夢中で、かなり強くリードを引きます。「**ヒール**」と声を掛けてもどんどん勝手な方向に向かいます。散歩の前に排便を必ず済ませるのですが、それでも散歩の途中でウンチをしてしまいました。その時、指導員が絶妙のタイミングでウンチを容器に受け止めました。後ろから見ていると犬の肛門が開くので、排泄のタイミングがわかるといいます。さすがに見る所が違うと感心しました。（その後、チッパーを飼い始めて毎日散歩をしているうちに、私もチッパーの様子からウンチやオシッコのタイミングがわかるようになりました）

周辺の歩行訓練を終えてると、犬を連れて2階に上がり指導員に飼育スペースの各部屋を確認してもらいました。小さなオモチャや人形は事前に片付けておきました。犬が飲み込んでノドに詰まらせると、最悪の場合手術が必要になってしまうからです。

犬は物珍しそうにウロウロとして落ち着きませんでしたが、一通り部屋の匂いをかいだ後は、ソファーの前で伏せをして落ち着きました。コーヒーを飲みながら指導員と今後の予定を打ち合わせていて、ふと見ると腹を出して寝ていました。大型犬の無邪気な大胆さに、思わず皆で笑ってしまいました。それにしても体重30キロ近い犬は屋外で見るよりも大きく感じ、まるで子ウマのようでした。

その後、指導員は車から黒く真新しいケージを持ってきてリビングで組み立てました。幅と高さが60センチ、奥行90センチと結構な大きさで、事前にサイズを聞いていなかったらびっくりしたはずです。「ケージを置いていきますから」と言い残して、指導員は犬を連れて帰りました。

その日の夕方、指導員から指摘された飼育環境改善に必要な物を買いに、車で近くのホームセンターに行きました。まず、犬がトイレをする場所を裏庭に砂利を敷いて作るのですが、その砂利が必要です。裏庭への20メートルほどの細い通路は土が露出していて雨の日にはぬかるんでしまいます。犬の足が汚れると後始末が大変なので、ここに敷くプラスチックの四角い網目の敷物も買いました。階段の滑り止めテープなども買いそろえたら、会計は計1万5000円になりました。これら以外にもまだ必要なものがあって、受け入れ準備だけで結構お金がかかりました。犬を飼い始めれば、エサ代だけで毎月5000円以上かかります。

それでもこのボランティアを選んだことを少しも後悔しませんでした。大型犬と室内で暮らすのは、子どものころからの夢でした。朝晩の散歩も楽しみです。ウキウキした気持ちでチッパーの到来を待ちました。

○アイマスクで歩くのは大変

このころ、神奈川訓練センターで行われた「アイマスク体験会」に妻と参加しました。アイマスクで目隠しして盲導犬と歩く体験をするイベントです。会場近くの犬舎にチッパーがいて、体験会が終わったあとには対面できると連絡を受けていました。

さわやかに晴れた日で、訓練センターに到着すると駐車場にはレトリバーを連れた家族が何組もいてにぎやかでした。この日の参加者は、パピーウォーカーと繁殖犬飼育ボランティアです。会場の中央にテーブルとイスが並べられ、その周りには工事現場で見かける赤い三角コーンが並んでいます。ここを、アイマスクをして歩くのです。

私たちの前の席に、目の不自由な中年のユーザー夫妻が座っていました。お話をすると、今の盲導犬が3頭目とのことでした。盲導犬が働けるのは8年間ほどなので、それを過ぎると新しい犬にチェンジしなくてはなりません。ユーザー夫妻は新しい犬との訓練のために訓練センターを訪れ、このイベントのことを聞いて飛び入りで参加したとのことでした。

アイマスク体験会の冒頭、このユーザー夫婦が、ぜひ皆さんに伝えたいと話し始めました。

「盲導犬のおかげで、いつでもどこへでも安心して、気軽に出かけられるようになりました。白杖に頼る歩行と、盲導犬と一緒に歩くのでは雲泥の差があります。それもこれもボランティアや盲導犬協会の皆さんのおかげです。本当にありがとうございます」

そう話して、深々と頭を下げられました。

改めて盲導犬ボランティアの意義を感じました。とはいえ、この時点で私はまだ何もできていません。

全員、アイマスクをしての自己紹介で体験会がスタートしました。まずは白杖を使っての歩行。壁を伝え歩きし、障害物をよける体験をしました。アイマスクをしての歩行は想像以上に大変でした。目が見えないと、距離や方向だけでなく時間の感覚すらも分からなくなります。ちょっと歩いただけで自分がいる位置も周囲の状況も分からなくなり、不安で心細い気持ちに襲われました。

次に、アイマスクをしたまま盲導犬に導かれました。何も見えなくても盲導犬に行き先を任せて歩くことで、安心して歩けることを実体験ができました。

会の途中、大阪から訓練に来ているという中年の男性があいさつしました。彼は視覚にも聴覚にも障害がある盲聾《もうろう》者でした。介助の人が彼の手のひらに文字を書き、それで彼が話す言葉をもう一人の介助者が聞き取って、みんなに分かるように話してくれます。ヘレン・ケラーと同じ障害を持つ彼ですが、盲導犬を使って自立生活を目指しているとのことでした。

体験会の最後はアイマスクをしたまま、自分でジュースをコップに入れ、お菓子を食べました。コップのどの位置までジュースが入ったのかは指を入れて確かめます。目が見えないと普通のことが一々大仕事になります。アイマスクを外して周囲が見えるようになると、心底ホッとしました。

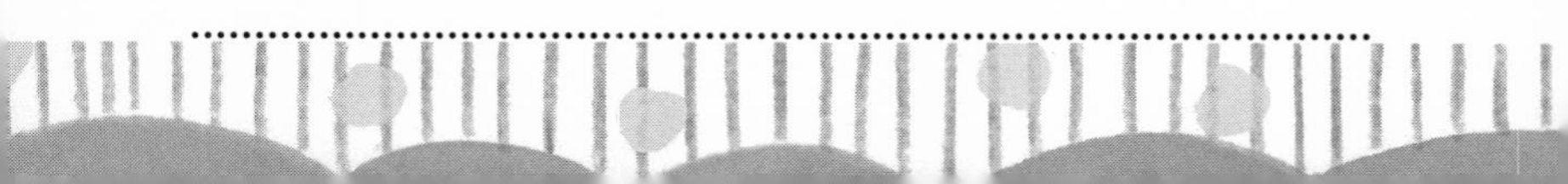

第4章

初めまして、チッパー

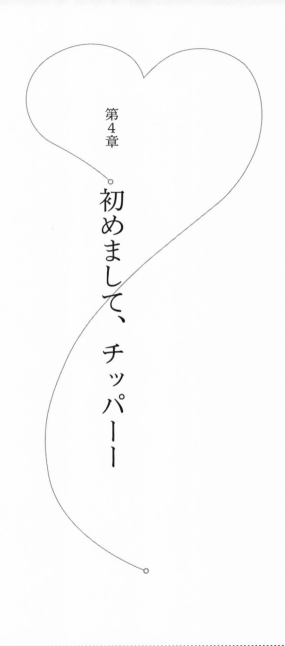

○ぬいぐるみが駆け寄ってきた

アイマスク体験会が終わると、チッパーに会いに行きました。どんな犬だろう。ワクワクドキドキしながら訓練センターの事務所に行くと、担当者から「中庭の訓練場で待っていてください」と言われました。

通路突き当りのドアの向こうが、盲導犬の訓練場です。広いスペースで指導員が犬たちを遊ばせていました。ガラス窓から見ると、広場の隅にベンチがあり、そこに茶色の大きなクマのぬいぐるみを抱えている指導員が座っていました。不思議な光景です。盲導犬は、電車に乗る時には、必ずユーザーの足元で伏せをしています。他の乗客の邪魔にならないための基本姿勢です。だから、指導員が犬を抱える姿はそれまで見たことがありませんでした。指導員がこちらに気付き、抱えていたぬいぐるみを地面に置くと、それが弾けるように走り出しました。ぬいぐるみにグイグイと引っ張られながらも指導員が笑顔になって、こちらに来るように手招きしました。

何と、ぬいぐるみに見えたのがチッパーでした。全身で喜びを表し、尻尾を思い切り振ってこちらに駆け寄ってきます。

「やっと会えた」

うれしくてうれしくて、胸が熱くなりました。

米国育ちのチッパーは他のどの犬より一回り大きくて筋肉質で立派です。まだまだ甘え盛りの子犬です。言うことを聞かず走り回るので、指導員が抱いて落ち着かせていたのです。

以前に別の指導員から、「チッパーの状態確認が遅れている」と説明を受けましたが、初めてその意味が分かりました。やっと1歳になったやんちゃな彼の、トイレのしつけや、最低限の訓練が追い付いていなかったのです。チッパーは、これまで会ったどの犬よりも体がガッチリと骨太で大きいのです。とにかく彼に会うことができてホッとしました。

今から思えば、この時点で盲導犬協会の担当者はチッパーがとてつもなくリードを引く力が強く、扱いが難しい犬だと分かっていたのかもしれません。なので、引き渡しまでの日数が通常以上にかかり、引き渡し最終段階でも指導員が抱きかかえていなければならないほど、他の犬に反応してしまうのがチッパーの特徴だと理解しました。

チッパーに会う前は、散歩の担当は私が引き受けても、用事が入った時は妻に代わりに散歩してもらう、たまには同居している孫（中学生、小学生）に散歩を任せても良いだろう、と考えていました。でも、会った瞬間にその考えは打ち砕かれてしまいました。という訳でチッパーの散歩は100％私が担当することになりました。

チッパーはこのようにリードを引く力が強く、私以外が散歩に連れて行けません（リードが2回切れ、一度は引き倒された）。でも、他の犬の場合は家族が交代して散歩することは問題ないはずです。犬との相性については繁殖犬担当者が見極めてくれますので、そこは大丈夫。暴れん坊のチッパーは私との相性が合うと判断していただけたようです。（笑）

○チッパーとの訓練初日

盲導犬繁殖犬ボランティア訓練もいよいよ最終段階を迎え、チッパーとの歩行訓練が始まりました。この日から4日間、盲導犬協会の指導員が車にチッパーを乗せて来て、2時間ほど一緒に歩く訓練をしました。

初日は朝9時半に盲導犬協会の車がきました。車の中のチッパーは、キョロキョロと辺りを見回し落ち着きがありません。環境への適応能力がまだ低いようです。それを前提に車が少なく、人もあまりいない道を歩くことにしました。

まずは家の裏に連れて行きオシッコをさせました。これまでは「**ワンツー**」のコマンドで促しましたが、チッパーには「**ビジー、ビジー**」と声掛けします。アメリカの訓練所で受けたコマンドを継承するのです。

次は指導員がチッパーを連れて歩きました。チッパーがどんどん前へ行きたがるので、すぐさま方向を変えて引き戻していました。

今度は私の番です。リードを渡される時に、「特に他の犬やネコと遭遇すると、興奮して飛びかかるので気を付けてください」と注意されました。

歩き始めて数分もしないうちに、ネコがいました。脇道の真ん中に座り込み、じっとこちらを見ています。あまりにも堂々としていて、チッパーは気が付きません。家の周囲を歩きましたが、訓練センターで何度も練習してきたおかげで問題なく歩くことができました。

歩行訓練を終え、初めてチッパーを家の中に入れました。しきりに匂いをかぎまわり、落ち着きません。どうやら、わが家で飼っているネコの「マリー」の匂いが気になって仕方がない様子です。居間の探索を終えたチッパーは、私の仕事部屋に向かいました。そこにはマリーのエサや水が置いたままでした。それに気付いてあわてて後を追ったのですが……遅かった。チッパーは目ざとくマリーのエサを見つけ、すごい勢いで食べはじめました。その場から引き離したものの、しばらくはムシャムシャとオオカミのような大きな口を動かし続けていました。

○マリーとの確執

歩行訓練2日目は午後2時ごろ、チッパーと2人の指導員が車できました。前日のように歩行訓練した後にチッパーを家に入れましたが、挙動が穏当ではないのです。ソファーの後ろに回り込み、ソファーの下に顔を突っ込み、猟犬さながら獲物を狙う動きをしています。何かあったのかとのぞいてみると、逃げ遅れたマリーがソファーの下に隠れて脅えていました。あわててチッパーを外に出し、マリーを救出しました。

マリーは長毛種のメスのチンチラです。チッパーが来る3年ほど前、三女が飼っていたネコが出産したうちの1匹を妻がもらってきたのです。マリーは神経質で一日のほとんどの時間をベッドの上で寝て過ごしています。洗面所にあるネコトイレに行くため廊下を通りますが、そこでチッパーと遭遇しないよう柵とカーテンで両者の生活圏を分けていました。この日はたまたまその柵が開いていて、私たちが散歩に出ている間にマリーがチッパーの生活圏に入り込んでしまったのでした。

それ以降も何度か両者を引き合わせて仲良くさせようとしましたが、7年たったいまも成功していません。それでもお互い少しは慣れて来たのか、最近はガチガチにらみ合うことはなくなりました。テレビで犬とネコが仲良くしている場面を見るとうらやましいのですが、わが家ではどうも実現しそうにありません。

◯ちょっとマリッジブルー

チッパーとの歩行訓練3日目は、それまでの散歩コースから少し外れて、新しい道を歩きました。最初の頃と比べるとチッパーの歩調が安定してきました。家の近くに来ると、まるで「ここが僕の家」というそぶりを見せて、玄関に向かいます。

この日は、チッパーが他の犬と遭遇した時の対応訓練をするので、盲導犬協会からもう一頭別の犬を連れてきました。早速、自宅の前の道で2人の指導員がそれぞれ犬を引き連れて、すれ違う所を見せてくれました。絶妙なタイミングでリードを引き、「**カム**」の掛け声で相手の犬への注意をそらす。これを何度も繰り返します。

終わった後、指導員から「チッパーのトライアルをいつから始めましょうか」と、切り出されました。トライアルというのは、実際にチッパーを家で預かり、様子を見ることです。問題がなければそのまま自宅での飼育がスタートします。

ボランティアに申し込んだ時には、この日がいつ来るのかと、本当に待ち遠しかったのですが、あの当時の私はそんな浮いた気分ではありませんでした。

それというのも、十分に訓練された状態で犬を渡されると思っていたのです。私のイメージでは盲導犬はどの犬もおとなしく、どんな場面でも安全に盲人を誘導しています。あのような犬を渡されると思っていましたが、チッパーはとても盲導犬に関係する犬とは思えません。リードの引きが強く、よほど注意をしていないと暴走してしまうのです。鼻歌交じりに散歩するなんて不可能です。

それだけではありません。盲導犬協会から飼育に関する注意事項を詳細に教えてもらい、中途半端な気持ちでは対応しきれないと改めて感じ始めていました。エサや水を与える時間と量が決められています。散歩のほかに一日3回、裏庭に連れて行って排泄させなければなりません。時間単位の管理をするので、飼い始めたら私の生活は間違いなくチッパーが中心となります。おまけに、冬から春へと季節が変わるこの時期は、犬の毛が生え変わる換毛期です。チッパーが部屋の中を歩くと大量の毛が落ちて、一日に何度も掃除しなくてはなりません。

結婚式が間近に迫ると憂鬱《ゆううつ》になるというマリッジブルーに似た気分に陥りました。これを払拭するには、初心にかえる必要がありました。チッパーはこれから、多くの盲導犬をつくる役割を担っています。その一助として、私はこのボランティアに取り組む決意をしたのです。チッパーは多くの人の手を経て、はるばるアメリカからわが家にやってきました。その人たちの思いも受けて、翌週からトライアルを始めると決意を新たにしました。

帰り際、指導員から新しい革製の茶色のリードを渡され、チッパーとの生活がいよいよスタートする実感が湧きました。

○アンタ一人で大丈夫かい？

訓練センターや自宅での歩行訓練を受け、この日は最終訓練となるトライアル。これをクリアすれば自宅での飼育がいよいよスタートします。

朝10時、2人の指導員が車でチッパーを連れてきて、「今回は新たに、ジェントルリーダーをつけて歩いてみましょう」と言われました。

ジェントルリーダーとは丈夫なひも状の口輪で、リードに接続して犬をコントロールします。チッパーは野鳥やネコを見るといきなり飛びかかろうとしました。当時でも体重30キロもある大きな犬に、いきなり強く引っ張られたら転倒してしまいます。そこで、ウマの手綱と同様に、口元と後頭部に装置を付けてリードにつなげることで、突然引っ張ることを抑制するのです。また、チッパーのつけている首輪はハーフチョークというもので、首輪の半分が鎖状になっています。リードを引くと鎖の部分がギュッと閉まり、犬に的確に指示を伝えます。ジェントルリーダーと組み合わせれば、飼い主の意思をきちんと伝え、コントロールしやすくします。しかし、犬にとっては迷惑で不快な道具ともいえます。チッパーはジェントルリーダーを見ただけで身構えて抵抗します。無理やり引き寄せると、床に這いつくばってしまい、付けるだけで一苦労です。

最終歩行訓練は、2人の指導員に確認してもらい無事終了。部屋に戻り、今後のチッパーの世話に関する説明を受けました。エサは指定されたドッグフードと水を一日2回、朝の散歩が終わった午前6時ごろと夕方の散歩が終わった午後6時ごろ、正確に量って与えます。水はフードとは別に朝、10時、12時、午後3時の一日4回、計量カップで計って与えます。エサは一回180グラム(年齢と共に代謝量が落ちるので現在は160グラム)。水の量は一回ごとに飲みきれる400CCです。毎回しっかりと管理し、多すぎても少なすぎてもいけません。やり忘れるのは論外です。

「繁殖犬として適正な体形を維持するには、エサと水の量の管理が重要です」

指導員から、どんなにチッパーが欲しがっても、定められた以上のエサを与えないようにと念を押されました。散歩は45分間程度を毎日２回。さらにチッパーの場合は午前、午後と就寝前の計３回、裏庭に作ったトイレに忘れずに連れて行き排泄させます。そして、私たちが寝るときや外出するときは、例え短い時間でもリビングに置いたケージに入れてカギをかけること。誰も見ていないと、テレビのリモコンやスリッパをかじってしまう可能性があるというのです。鉄製のケージに閉じ込めるのはかわいそうにも思えたのですが、実際は「**ハウス**」とコマンドをかけると、チッパーはいつも喜んでケージの中に入っていきます。犬にとってケージの中は、外敵から守られる安らぎの空間なのだと教えられました。

細々とした説明を指導員から聞いていると、これから本当にやり切れるのかと不安になりました。説明が終り、妻は予定していた介護ボランティアで外出し、２人の指導員も「あとはよろしくお願いします」と帰ってしまいました。

急にガランとした部屋にチッパーと私だけになりました。まだ、お互いにそれ程親しくないので、ちょっと気まずい雰囲気です。

「アンタ一人で大丈夫かい」

チッパーから上目遣いで見られた気がしました。しばらくするとチッパーは横になり、バッフーと鼻から大きな息を吐いて眠ってしまいました。ビロードのような耳をめくってみても、頭をなでても、気にすることなく眠り続けました。

○わが家での暮らしスタート

2016年3月、わが家でチッパーとの暮らしが始まりました。

「チッパーは、7時間程度ならオシッコを我慢できます。夜11時にさせれば朝6時までは寝ていますよ」

そう指導員から聞いていたのですが、夜中の3時半ごろ、「クーン、クーン」という訴えるような声で起こされました。オシッコがしたいのか、新しい環境に慣れずに甘えているのか判断できません。仕方がないのでまだ暗い中、散歩に出ました。

これも悪いことばかりではないと割り切りました。訓練のとき、他の犬に出会うたびに強い力で引いて暴れることがありました。こんな状態で、狭い道や新しい道を歩くのが不安です。夜も明けないこの時間帯なら、他の犬はまず散歩に出てこないので安心です。

自宅から歩いて10分ほどの所にある池上本門寺周辺は静かで落ち着いた地域です。当初はこのあたりをチッパーの散歩コースにしたかったのですが、同じような考えの愛犬家が多いのか犬連れと多く行き交うので避けるつもりでいました。誰もいないこの機会に歩いてみることにしました。

新しい道に入ると、とたんにチッパーは落ち着かなくなり、しきりに周囲の匂いをかぎ始めました。グイグイと先を急ぐので、何度も「**カム**」と声をかけ、少し前に進んでは戻る動作を繰り返しました。50メートルほど先を見ると、何やら動くものが道を横切ったのです。妙に尻尾が長くて背が低い。明らかにネコとは違います。タヌキかキツネか、あるいはハクビシン？　街灯の光にぼんやりと浮かびあがったシルエットからは特定できませんでした。

チッパーが気付いて大暴れする前に早々に引き返しましたが、都会の寺の近くにもさまざまな生き物が生息していると知って、ちょっとうれしくなりました。


この日はどうしても外せない仕事があり、朝8時に家を出て、帰宅は夕方6時ごろになってしまいます。その間のチッパーの世話は妻に任せることになります。はたして大丈夫だろうかと急に不安になりました。妻は私と一緒に訓練の最初から参加をしていましたが、すぐに散歩には不向きと判断しました。彼女の体重は私の半分しかなく力が弱い。それにくわえて肩の関節が外れやすいので、チッパーの散歩は無理なのです。

でも私が不在中は、決まった時間にオシッコをさせに裏庭まで連れて行かなければなりません。出掛けに急いで首輪やジェントルリーダーの付け方を教えたものの、大丈夫だろうかと心配で心配で、仕事をしていても気になって仕方がありません。盲導犬協会へ電話をして昨日から今朝にかけての不明点を確認しました。

「チッパーが吠えても、朝6時ごろまでオシッコは我慢できます。低い声で『**ノー**』と言い、無視してください。甘い顔をすると、吠えれば散歩に連れて行ってくれると思うようになってしまいます」

最初のしつけが肝心と言われてしまいました。

午後になって、妻からメールが入りました。

「チッパーは食事やトイレ以外の時間は、ほとんど眠っているので大丈夫よ」

それを知り一安心。早めに仕事を切り上げ帰宅して、夜の散歩に出ました。小さな犬を散歩させている人に何度もすれ違いましたが、チッパーは彼らから吠えられても無視です。これならもっと散歩の範囲を広げられるだろう、と手応えを感じました。

○相変わらず引き倒されそう

盲導犬協会の訓練をクリアして、4月1日に正式な委託契約を協会と結びました。

それから3カ月経ち、季節は春から夏に入りました。毎朝5時前にチッパーに起こされます。初日がまだ夜も明けない3時半ごろだったのに比べれば遅いのですが、もう少し寝ていたいというのがその頃の本音でした。

首輪、リード、そして口輪の形状をしたジェントルリーダーを持ち、リビングのケージに向かいます。寝室と居間の間の廊下には黒いカーテンが床まで届く長さで吊るしてあり、その前にはヒザの高さほどの柵が置かれています。これは飼いネコのマリーとチッパーが遭遇しないためのバリケードです。ネコを見れば飛びかかるチッパーの気質は同居3カ月を過ぎても一向に改善されません。

アメリカから盲導犬協会に着いた1歳の頃のチッパーは、子どもの遊ぶボールに激しく反応しました。アメリカで遊んだ楽しい記憶が忘れられなかったのでしょう。ボールめがけて夢中で飛びつきます。子犬の時は良かったのですが、体重30キロ、子ウマほどの大きさに成長したのでチッパーが引っ張る力は半端ではありません。学校帰りの子どものランドセルにぶら下げられたバスケットボールにチッパーが飛びついて、危うく転ばされそうになったこともありました。その後、家の前の道路で遊んでいた近所の子どもたちが、チッパーと何度かボール遊びをしてくれているうちにボールにも慣れ、今ではほとんど心配はなくなりました。

ボールの次がハトでした。朝の公園でハトが首を振り振りエサを探して歩いていると、チッパーにスイッチが入ります。今にもハトに飛びかかりそうなチッパーに「**ノー**」「**ウエイト**」と呼びかけて何とかやり過ごす。こんなやり取りで疲れてしまいます。

そして最後に残ったのがネコ。散歩する犬に遭遇してもほとんど反応をしなくなり、小さな犬がキャンキャンと吠え掛かってきても悠然と無視する姿は風格すら感じさせます。でも、これがネコだとガラリと様子が変わります。いきなり鼻を上げて周囲の匂いをかぎ出したら要注意です。ほぼ100%どこかにネコが潜んでいます。ネコを見つけると、全力でリードを引っ張って向かおうとします。腹に力を入れて足を踏ん張って引き戻します。こんな時は叱らないで「**カム**」のコマンドを掛け、その通りにできたら十分に褒めてあげるのです。そう指導員から教えられました。

でも、馬が暴走するごとくに暴れるチッパーは、頭の一つや二つひっぱたいてでも制御したくなってしまいます。ジェントルリーダーを付けて散歩をし出したころのことです。一回の散歩で、何回となく突然道路の真ん中で地面に鼻を押し付けて両前足でジェントルリーダーを外そうとします。どんなにリードを引いても、地面を転がり回って止めようとしません。車が行き交う道の真ん中でやられると事故につながりかねません。仕方なくチッパーが両前足でおさえている鼻先を軽くトントンすると、さすがに驚いて動作をすぐに止めました。それ以降は「**ノー**」のコマンドで言うことを聞くようになりました。事故を起こさないことを最優先に、試行錯誤しながら取り組むことが必要だと思います。

それから1カ月が経ったころにはジェントルリーダーにも慣れ、半年後にはジェントルリーダーを外して散歩できるようになりました。でも、マリーとの相性はなかなか改善しません。チッパーはマリーを見ると襲いかかろうとします。廊下をふさぐ形で柵を置いてみましたが、気弱なマリーは寝室からトイレのある洗面所までの通路を横切ることができなくなりました。チッパーが柵の上から大きな顔を出して待ち構えているのです。そこで柵のこちら側が見えないように黒いカーテンを下げてマリーが通れるゲートを作りました。

◯レインコートで一苦労

チッパーのレインコートのサイズ直しも苦労しました。

チッパーの体は雨に濡れると乾かすのが大変で、雨の日は必ずレインコートを着せて散歩します。最初の頃は簡易レインコートを使っていましたが、首回りやお腹の部分が濡れてしまい、機能性の高いものが欲しくなりました。妻が通販で購入しましたが、サイズが大きすぎました。何度かミシンでサイズを詰めましたがうまくいきません。雨の中でレインコートが着崩れ、帰宅してからチッパーの濡れた体を拭くのが大変でした。

ラブラドールレトリバーは、もともとはカナダ原産とされる水鳥猟の猟犬です。極寒の水の中を長時間泳いでも大丈夫な体毛の構造なのですが、逆には乾かすのが大変なのです。そんなときに盲導犬協会のショップで最新型のレインコートを見つけ、購入しました。着せてみると体にぴったり、着崩れません。それだけでなく黄色が目立ち、雨の夜の散歩も安心して歩けるようになり、ホッとしました。

盲導犬のユーザーは、出かける先の場や状況を考えて盲導犬に服を着せます。ペットのお洒落着とは違います、天気の良し悪しも関係ありません。全身を覆うことで、外出先で犬の毛が周囲に落ちるのを防ぐためです。法律で盲導犬は飲食店や食品売り場にも入ることが認められていますが、レストランやホテルで盲導犬の入店を拒否されるケースがまだ少なくないのが現状です。盲導犬への理解不足が原因ですが、それを嘆いたり憤ったりしているだけでは始まりません。犬の毛が落ちないようつなぎの服を着せるのですが、それが結構大変な作業です。体にぴったりとしたサイズの服の背中の部分のチャックを閉めるのは力がいりますが、ユーザーは毎回手探りで行っているのです。その大変さに比べれば、雨の散歩の後始末など楽なものです。

○伝説の指導員に力づけられる

チッパーを飼い始めて1年が過ぎたころ、盲導犬協会主催のボランティア勉強会に参加しました。会場は神奈川訓練センターの体育館で、卒業式のようにイスが並べられ、100人ほどが集まりました。最初に協会の〝お偉い方〟からのあいさつがありました。

「ここのところ、駅のホームから盲導犬を連れていた視覚障害のある人が転落して亡くなる事故が2件発生してしまいました。パラリンピックも控えていることから事故防止対策に頭を痛めています。その上でも、盲導犬育成に愛情を込めて子犬を育ててくれるパピーウォーカーの役割は非常に大きく、皆さまの日ごろの協力にとても感謝をしています」

司会の協会職員からの〝フォロー〟がありました。「盲導犬育成にはパピーウォーカーだけでなく、引退犬や繁殖犬育成ボランティアなど、多くの人たちの協力で成り立っています」

わが家が懸命に取り組んでいる盲導犬繁殖犬飼育ボランティアは言い忘れられるほどマイナーなのかと、ちょっと苦笑いしてしまいました。相棒のチッパーは、会場に入ると他の犬を見てすごい力でリードを引いて暴れましたが、勉強会が始まるころには落ち着いて床に寝ころび静かにしています。

その後、テーブルを囲むように席を並べ直し、他の飼い主の男性と情報交換をしました。繁殖犬を8年も飼っていて、すでに50匹以上の子犬の父親になっている彼の犬はおとなしく、朝も積極的に散歩を要求することはないといいます。飼い始めの初日、まだ暗い3時過ぎから鼻を鳴らしたチッパーとは違う犬もいるのです。繁殖犬にはこの男性の犬のように静かな方が向いているのかもしれません。飼育開始から1年経過したものの、チッパーにはまだ繁殖の指名がありません。いつ指名がくるのだろうか、このまま繁殖の仕事がこなかったら……頭の片隅でそんな不安がよぎるようになりました。

勉強会も終盤になり、司会者から「特別に、協会理事でもある多和田さんによる、即席訓練を実施します。受けてみたい方は手を挙げてください」と呼びかけがありました。

多和田悟さんは、映画や写真集「盲導犬クイールの一生」に登場する、有名な盲導犬クイールを育てた伝説の指導員です。彼にかかれば、どんなに暴れる犬もたちどころに静かになると言われているほどです。妻から「早く手を挙げて訓練してもらいなさいよ」と尻を叩かれ、渋々手を挙げました。少し小太りで白髪を短く刈り込んだエビス顔の多和田さんは、ニコニコとチッパーを引き寄せ、早速「**グード、グード**」と大きな声と身振りで背中をなぜました。

チッパーは、最初は大人しくしていましたが、しばらくするといつもの

“伝説の指導員”多和田さんの指導を受けて、記念撮影

ように他の犬に強引に向かって行き、リードを引いてコマンドをかけてもなかなか言うことを聞きません。すると多和田さんは尻尾や耳を持って意識を自分の方へ向けさせ、チッパーも落ち着きました。盲導犬の訓練ではあまり見かけない光景かもしれませんが、周囲の人は「さすが」と納得顔でした。

何とか即席訓練が終わると、「チッパーは好奇心がとても強いね。繁殖犬はこのくらい元気な方が良いです」。多和田さんからそう言われ、なんだかホッとしました。繁殖犬にもそれぞれ個性があって、それでも役目を果たせられると認められた気がしたからです。今年がだめでも来年は繁殖の仕事が入るかもしれないとの希望が湧いてきました。多和田さんを囲んで記念写真を撮り、さわやかな気分で帰路につきました。

第5章

相棒チッパーの初仕事

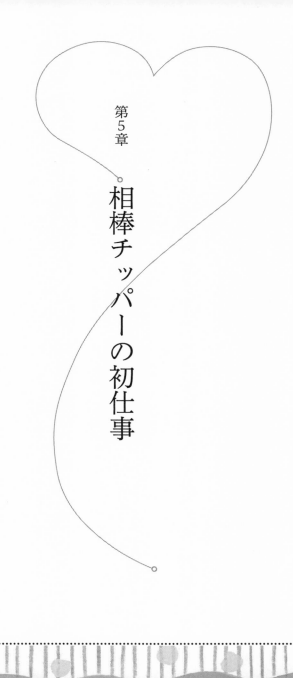

○ようやく「連れてきて」

相棒チッパーと暮らし始めて1年数カ月が過ぎた2017年7月、ようやくチッパーに繁殖の仕事が来ました。

飼い始めて1年ぐらいで繁殖の仕事が入ると聞いていたのに、1年を過ぎても盲導犬協会からなんの連絡もなく、チッパーは繁殖犬として認められていないのではないかと不安になっていました。盲導犬は大きな物音や他の犬などに反応しないように訓練を受けますが、生まれつきの気質はどんなに訓練しても修正できない部分があるように思います。パピーのうち適性試験をパスして実際に盲導犬になれるのは約3割しかいません。チッパーは体が大きく血統も良いのですが、盲導犬になるには適正がなくて繁殖犬になったのではないか、と思ったりしました。協会にとってもこんな暴れん坊の犬は珍しく、わが家に来るまで訓練にはかなり手を焼いていたようです。この性格では繁殖の仕事はないのではないかと悩んでいたとき、協会から「チッパーに繁殖の仕事が入りました。神奈川訓練センターに連れてきてください」との電話がかかってきました。うれしいと同時にホッとして、「チッパー良かったな、お呼びがかかったよ」と頭をなでました。

最初のお相手はラブラドールレトリバーのメスの繁殖犬でした。繁殖の仕事が入ると、1日おきに3日間、指定された日に車で自宅から約1時間かかる神奈川訓練センターにチッパーを連れて行って、職員に引き渡します。1回の交配には1時間から3時間かかり、終わるとチッパーを連れて帰ります。最初の日、帰りの車に乗り込むチッパーに「どうだった?」と声をかけましたが、特に疲れた様子は見せませんでした。繁殖担当者からは「初めてなのに落ち着いて対応していましたよ」と褒められました。1日おきに3日間通うのは交配を3度重ねることで確実に受胎させるのだ、と説明を受けました。繁殖犬のチッパーは当然去勢していません。たまに寂しそうな声を出すことがありますが、それがメス犬恋しさかどうかはわかりません。

その半月後にも連絡があって、やはりラブラドールレトリバーのメスと交配しました。この時も1日おきに3日間通いました。このボランティアはいつお呼びがかかるかわからないので、現役のサラリーマンでは難しいかもしれません。

交配したメスの繁殖犬は、静岡県富士宮市にある盲導犬協会の富士ハーネスで管理されます。妊娠の確認が取れるまで約1カ月かかり、その後約1カ月で出産します。

9月に入って盲導犬協会の繁殖担当者から2頭とも妊娠が確認された、との連絡が来ました。順調にいけば9月と10月に、合計17匹（先に交配したメス犬の子どもが8匹、後の子どもが9匹）の子犬が誕生します。また、「子犬が産まれたら富士ハーネスから直接連絡が来るので子犬に会いに行けますよ」との説明も受けました。繁殖犬飼育ボランティアの特権で子犬に会うことができるのです。相棒がやっと父親になれる。その前祝いに妻とお祝いのシャンペンを開けました。

○相棒が父親になった日

毎晩11時半ごろにチッパーを外に連れ出して寝る前のオシッコをさせます。盲導犬協会から連絡があって10日ほどたった9月15日も同じようにオシッコをさせ、部屋に戻ってスマートフォンを見ると、発信地が「富士宮市」と表示された夜9時の着信履歴が残っていました。すぐにピンときました、富士ハーネスからの連絡に違いないと。最初に交配したメス犬の出産予定日は9月17日でした。きっと産まれたとの連絡でしょう。折り返しの電話をかけましたが、録音された音声がむなしく返ってきました。

「ただいまの時間は留守番電話になっております。ご用件のある方は……」

翌日、朝9時になるのを待ちわびて富士ハーネスに電話をしました。呼び出し音がしばらく続いた後、男の人が出ました。

「係の者を呼ぶのでしばらくお待ちください」

その後、待ち受け音に変わり、それがとても長く感じられました。でも実際には2分も経っていなかったはずです。電話は若い女性の声に代わりました。

「昨晩、無事に出産を終えました」

それを聞いて、思わずガッツポーズがでました。妻が横からメモ用紙を渡してくれました。「生まれたのは8匹です。男の子が2匹、女の子が6匹。チッパーがチョコレート色なので、同じ色が出るかと職員一同期待をしていたのですが、みんな黒でした」

色が何色であれ無事8匹も生まれたことはうれしい限りです。10日経てば富士ハーネスで会えると言ってくれました。

「チッパーを連れて行っても大丈夫ですか」

「もちろんです」と強い言葉が返ってきました。

「白石さんが子犬たちに面会している間、スタッフが別室でチッパーを見ています。子犬たちは約2カ月間こちらで生活しますので、その間は何度でも面会できます[※3]」

※3〈**面会回数**〉現在は1回に限定されています。

担当者からそうも言われましたが、富士ハーネスまでは東名高速を使っても片道3時間かかるので、なかなか簡単には会いには行けません。産まれたばかりの真っ黒な8匹の子どもたちはどれほど可愛いのだろう。フワフワの子犬を手の上にのせるときの感触を想像するだけでワクワクしてしまいます。行く日を決めたら連絡しますと伝え、何度もお礼を言って電話を切り、妻とハイタッチ。また乾杯です。

○かわいい！　赤ちゃん犬を抱っこ

9月28日、チッパーの子どもたちに会いに富士ハーネスに行くことにしました。15日に生まれたばかりの8匹の赤ちゃん犬です。あいにく、前日夜からの雨は明け方には豪雨になり、朝の散歩はレインコートを着ていてもずぶ濡れになりました。坂道は雨水が滝のように流れ、いつもは穏やかな川も濁流でした。テレビニュースでは神奈川や千葉県の一部で住宅が浸水する被害が出ていると報じていました。

「こんな日に高速道路を走るのは危ないから、別の日にしたほうがいいんじゃない」

妻は心配して言います。

「天気予報では昼までには天気が回復するそうだ。小降りになっているし大丈夫だよ」

予報を調べて慎重に安全を確認。早く8匹に会いたいと、朝7時半に出発しました。

富士ハーネスは、盲導犬の誕生から引退した盲導犬の介護まで盲導犬の一生をケアするため2006年に建てられた国内初の施設です。※4 富士山西麓に広がるの広大な敷地に美術館のような近代的でしゃれたデザインの建物があり、エントランス棟、訓練犬棟、子犬棟（現・親子棟）、分娩棟、トレーニング棟、引退犬棟、医療研究棟、宿泊研修棟などが点在しています。

受付で担当を呼んでもらい、チッパーを別棟に預けて子犬棟に向かいました。ドアを開けると早速、母犬が尻尾を振って出迎えてくれました。

高さ30センチほどの囲いの中にタオルが敷かれ、その上に8つの小さな

※4 〈盲導犬の里 富士ハーネス〉 正式名称は日本盲導犬総合センター、愛称が盲導犬の里 富士ハーネス。サリン事件などを起こしたオウム真理教の富士山総本部（1995年3月に一連の事件の強制捜査が行われた）跡地に2006年に建設された。住所は静岡県富士宮市、敷地面積は約2万平方メートルに及ぶ。

黒い塊がバラバラになって広がっていました。チッパーの赤ちゃんたちです。ようやく目が開き始めたという彼らの体長は10センチほどで皆、艶々の真っ黒け。モゾモゾ、ヨタヨタと動き出し、向かい合った同士で頭を乗せあったり、狭い角へ頭を突っ込んだりと、いくら見ていても飽きません。

「抱いても構いませんよ」

若い女性の飼育担当者から許可をもらい、こわごわと抱きました。これほど小さな犬を手に持つのは初めてで、落としてしまわないように慎重に抱えました。

「かわいい〜、本当にかわいい」

妻はそう言いながら、順番に頭をやさしくなでています。赤ちゃん犬の背中にはそれぞれ違った位置にマニュキュアでマークが付けられています。こうしないとどれがどれだか分からなくなってしまうのです。

「隣の部屋の子犬たちへのエサやり体験をしてみますか？」

別のメスが２週間ほど前に生んだ子犬たちへのエサやりに誘われました。

チッパーの子どもたちに会いに来た。「盲導犬の里 富士ハーネス」で記念撮影

広々とした「富士ハーネス」。富士山もくっきり見える（盲導犬協会提供）

柵の向こうでは6匹の子犬が元気よく跳ね、早く食べたいと声を張り上げています。廊下に用意されたエサの皿に順番に連れていき食べさせます。たった2週間の違いで、体は2倍以上大きくなって活発に歩き回り、まさにドッグイヤー[※5]です。チッパーと後で交配したメスも来月には出産の予定です。その赤ちゃんを見に来るときには、この子犬のように、先に生まれた8匹の子どもたちが元気に動きまわっているでしょう。

「授乳の様子も見られますよ」

チッパーの赤ちゃんの部屋に戻り、母犬を8匹の真ん中に連れていって横に寝かせました。するとお乳を探しにモゾモゾと赤ちゃん犬たちが寄ってきました。8匹がずらりと母犬のお腹のところに並んでお乳を飲むさまは、微笑ましいの一言です。赤ちゃんたちはすごい勢いで乳を吸い、母犬は自分の体の栄養を吸い取られてしまいそうで大変です。

「また会いに来るからね」。再会を誓って施設に別れを告げました。

※5〈ドッグイヤー〉犬は人間より成長が速く、犬の1年は人間の7年に相当するとも言われる。技術革新の速さを例えるために使われることもある。

第6章

1頭だけ盲導犬になりました

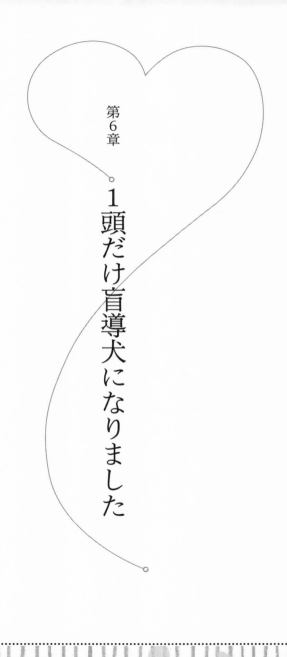

◯次のお呼びがかからない

相棒チッパーは2回の繁殖の仕事をこなして計17匹の盲導犬候補を誕生させせました。これまで紹介してきたように、チッパーは抜群の筋肉体型をしていてリードを引く力がとても強く、散歩を他の人に任すことができません。

この性格が相棒の子どもに遺伝しているとなると、果たして盲導犬になれるかとの不安がどうしてもぬぐい切れませんでした。２０１７年9月に2回続けて繁殖の仕事が入った後は全くお呼びがかからなくなりました。以前参加したボランティア勉強会で、他の繁殖犬飼育ボランティアから毎年のように仕事が入り、多くの子犬が適正試験をパスして盲導犬になっていると聞いていました。

「子犬の性格は、父犬の気質だけでなく母親の性格との関係で決まるので、チッパーの気質でも大人しい母親との間の子どもなら十分に盲導犬になれる可能性があります」

私の不安に対して、協会の繁殖担当者からはそう励まされました。

相棒の17匹の子どもたちはパピーウォーカーの家で約1年間育ててもらい、その後神奈川訓練センターなど国内4カ所の訓練センターで盲導犬になるための訓練を受けました。盲導犬になるための適正試験を各段階で受け、最終的に盲導犬になるのは全体の3割程度、後の7割はキャリアチェンジ犬としてボランティアの家庭に引き取られます。17匹の子犬のうちの3割ならば、確率論的にはチッパーの子どもの中から5匹前後は盲導犬になってくれるのではないか、と期待していました。

2020年4月2日、待ちに待った手紙が盲導犬協会から届きました。手紙は、相棒チッパーの子どものうち1匹が無事盲導犬になったとの報告書でした。

「犬名前 〇〇〇　盲導犬認定日 2020/3/14　誕生日 2017/10/7　繁殖父犬チッパー」

同封された写真では、チッパーの子どもの真っ黒な盲導犬が真っ白いハーネスをつけた凛々《りり》しい姿で前を見ています＝**写真**。

感動しました。これでやっと私も盲導犬繁殖犬飼育ボランティアの仲間入りができた、と大きな喜びがわいてきました。チッパー、良かったな！

盲導犬協会の会報「盲導犬くらぶ」（20年7月15日号）によると、富士ハーネスで生まれた後、「島根あさひ盲導犬パピープロジェクト」という、受刑者がパピーを育てる取り組みで育てられました。[※6] そして適性試験をパスして、20年3月から盲導犬として元気に役立っているというのです。

その一方で、残る16頭の子どもたちはどうなったのだろうかと気になりました。しかし、なかなか連絡はきませんでした。結局、16頭のうち5頭は盲導犬育成

※6〈島根あさひ盲導犬パピープロジェクト〉島根あさひ社会復帰促進センター（島根県浜田市）で、受刑者が盲導犬候補のパピーの飼育を担当する国内初の試み（週末は地域のパピーウォーカー宅で過ごす）。2009年4月にスタートした。法務省のＰＦＩ事業（民間のノウハウ・資金を活用して行う公共事業）に盲導犬協会が協力している。

団体間の協力のために他団体に譲渡され、うち2頭が繁殖犬になりました（現在、2頭とも引退）、そのほかの犬たちはキャリアチェンジして家庭犬になったと教えられました。相棒チッパーの子ども17頭のうち適性試験をパスして盲導犬になったのは1頭だけでした。残念なことです。

そうした結果からなのでしょうか、チッパーに繁殖の仕事が全く来なくなってしまいました。チッパーと出会ってから、彼の並外れた元気ぶりに引っ張り回される中でよぎっていた不安が的中してしまったようです。

あ～あ、相棒よ、アメリカから遠路はるばる日本に来たのに、君の血統には残念ながら盲導犬の適正がなかったのだね。まあ1頭だけでも盲導犬になれたのだからよしとするか、妻とシャンペンで小さく乾杯しました。

なんだか、期待されたチッパーがダメ印を押されてしまったような気がしました。すると、これまで以上に相棒が愛おしく思えました。それというのも私自身のこれまでの人生がダメ印を押され続けてきたからです。子どもの頃から勉強が苦手で成績が悪く、大学を5年かけて何とか卒業したものの、強い学歴コンプレックスの塊でした。就職をしたのは町工場のような中小企業。それでも運の良かったことに会社は時流に乗り、43歳の時には東京証券取引所一部に上場するまでに成長しました。

営業で好成績を出していたので役員になれるのではないかと期待しましたが、後輩や他の企業からの中途採用者に次々と抜かれてしまい、出世の道は閉ざされました。そんな挫折を味わい、落ち込んでいた45歳の時に改めて、定年後について真剣に考え始めました。現役時代は上手くいかなくても、定年後のセカンドライフを充実させるにはどうすればいいいか？　そう考え定年後の仕事、遊び、ライフスタイルを明確にして行こうと決意しました。そんな延長線上で盲導犬繁殖犬飼育ボランティアに行き着きました。誇るべき学歴も地位も名誉もないない尽くし、自らエリートとは縁遠い立場なので繁殖犬としては〝落ちこぼれ〟のチッパーが、とても身近な相棒として愛おしく思えたのです。

○それからの相棒

チッパーの飼育も8年目に入り、かけがえのない家族の一員となっています。相変わらずリードを引く力は強いのですが、こちらもチッパーをコントロールするやり方にすっかり慣れました。歩行訓練を終えた半年後にはジェントルを外すことができました。今でも散歩には注意が必要ですが、チッパーも大人になって当初反応していたハトやネコにもほとんど関心を示さなくなりました。現在気をつけているのは、チッパーと同じような大型犬です。小さな犬は相手にしませんが、同格の犬には対抗意識が芽生えてしまうのか反応するので、遠くに大型犬のシルエットを見つけると散歩コースを変えて鉢合わせしない対応を取っています。

犬も年齢とともに基礎代謝量が落ちるため、年1度の盲導犬協会での定期健康検査では体重もチェックします。加齢に伴いエサの量を減らしてチッパーの健康維持を心がけています。元々、野生のオオカミから派生した犬は、いつ次のエサにありつけるのかわからないので、食べられるときに食べられるだけ食べるという習性があります。その名残からチッパーも大変食欲が旺盛なので、こうした体重管理をしなければ際限なくエサを食べて太ってしまうのです。最初は180グラムだった1回のエサの量は現在160グラムに減らされました。

長引いたコロナ禍で私の仕事もウェブが多くなって、外出する機会は激減して在宅時間が長くなりました。仕事部屋のデスクの下が昼間のチッパーの定位置です。ちょっと困るのはウェブ会議をしている最中にチッパーの大きなイビキが響くことです。相手先には事前にチッパーが側にいることや、午後3時になったらオシッコに連れて行くので途中退席すること、5時以降は散歩時間になることを説明し、理解を得ています。当初は仕事に対して、チッパーへの対応で時間的な制約が不安でしたが、不思議と何とかなってしまっています。あらかじめ、私の制約事項について説明しておくと、「あの人はそういうボランティアをしているのだ」と理解をしてもらえ、後の対応が楽になります寒い地方で生まれたチッパーは冬の寒さにはめっぽう強いですが、夏の暑さは苦手です。毎年夏になると、散歩時には保冷剤を入れた服を着せ、首にも保冷剤を巻きますが、厚い毛皮を着ているようなものですからちょっと辛そうです。今後は夏の間、涼しい場所へ避暑できないか検討しています。

第7章

チッパーとの生活で変わったこと

◯コロナ禍でシャンプー大出費

2020年からのコロナ禍で、盲導犬協会も感染対策として神奈川訓練センターでのボランティアとの交流会をとりやめ、ウェブ開催としました。ウェブだと協会の担当者と直接交流できなくなりますが、わが家でそれ以上に影響があったのがチッパーのシャンプーでした。

盲導犬や繁殖犬は体を清潔に保つため、月に一度必ずシャンプーで身体を洗います。同時に爪を切り、肛門腺絞りをしていました。コロナ前は月に一度、夫婦でチッパーを車に乗せ、訓練センターのシャンプー室でチッパーを洗っていました。予約が必要ですが、無料で使えます。ステンレス製の大型浴槽にチッパーを入れてシャンプーで洗った後、手術台のような台に乗せて大型業務用のドライヤーで乾かします。シャンプー開始から乾燥が終わるまで2人がかりで1時間以上かかります。さらに、用意されている大型、中型のタオルも無料で使えます。ボランティアの方が用意してくれているのでしょうか。

ところがコロナ禍でシャンプー室が使えなくなってしまいました。自宅の浴槽でもシャンプーはできますが、大型ドライヤーもなければ、チッパーを乗せて乾かす作業台もありません。しゃがんだ姿勢でチッパーを洗い、乾かすのは腰への負担が大きくとても大変です。大量の毛で汚れたシャンプー後の浴室の掃除も大変です。そこで近所のペットサロンを検索したところ、自宅から歩いて20分ほどの場所に大型犬も対応してくれるペットサロンがありました。チッパーのシャンプーは小型犬や中型犬に比べ、洗うのにも乾かすにも時間がかかります。毎回１時間半以上かかり、料金もその分高額になります。それでも自宅での大変な作業を考えるとペットサロンにお願いしています。私は１０００円カット（今は物価高の影響で数百円値上げ）で安くすませていますが、チッパーはその10倍の料金がかかります。かかる時間や手間も10倍なので、それも仕方がないのかと思っていますが…。

○痩せてもお金はかかる

60歳で定年退職。その後、個人事業を立ち上げて退職した会社と顧問契約を結び、週に数日仕事を手伝っています。そんな訳でまだスーツが手放せません。5月の連休中に衣替えを予定しましたが、その前にズボンのサイズ直しが必要でした。

チッパーが来てから、早朝1時間のジョギング散歩を欠かしたことはありません。自宅の周辺は急坂が多く、結構な運動量になります。夕方も同様に1時間のウオーキング散歩をします。こうした日々を過ごすうちに、気づけば体重は10キロ減り、ウエスト周りが5センチも細くなりました。ズボンがずり落ちないようにベルトで絞りますが、余分な布が巾着袋の口のようにはみ出し、正直かなりみっともないのです。

冬の間は上着を着るので目立ちませんが、ワイシャツ・ズボン姿になる夏に向け、サイズ直しを急ぎました。衣料リフォーム店にズボンを持って行ったところ、料金は4センチまでなら2000円ですが、今回は5センチなので3000円と高額でした。それでも買いなおすよりは安いだろうとお願いしました。このことを妻に話すと「全部直すと結構な金額になるわね。あなたのスーツはいつも同じ専門店で買っているのだから、一応その店にも聞いてみたら」とのアドバイス。聞いてみると、なんと1本800円でサイズ直しをしてくれる、というのです。早速6本持ってスーツ専門店に行きました。女性店員が丁寧に対応してくれ、安心して任せられました。この対応で1万円以上節約できましたが、それでもそれなりの出費になりました。

これまでは年齢と共に太り、スーツやワイシャツのサイズを大きなものに買い替えていました。太ると余分なお金がかかるとわかっていましたが、今回初めて痩せてもお金がかかると知りました。

○早起きして都会の自然満喫

早起きは苦手でしたが、チッパーが来てからこの7年余、5時起きを続けています。こんなのは初めてのことです。サラリーマン現役時代は、土日・祝日は日ごろの疲れを取るのだと自分に言い訳をして、朝寝坊をするのが習慣でした。今は愛する相棒のために苦手だった早起きが不思議なほど苦になりません。チッパーとの散歩は1年365日、雨でも台風でも欠かせません。その結果、早起きが当たり前の習慣となりました。朝の散歩を早朝にするのは、他の犬とできるだけ出会わないためです。少し遅い時間になると、あちらこちらで犬を散歩している人と出会います。その多くがチワワ、トイプードル、豆柴などの小型犬です。どうも彼らにとって大型犬のチッパーは恐ろしい敵に見えるようです。特に複数の小型犬を連れて散歩をしている人に近づくと、猛烈な勢いで吠えられます。チッパーにとっては彼らの存在は全く気にならず平然とやり過ごしますが、キャンキャン、ワンワンと吠えられるのはあまり気分の良いものではありません。ですので、彼らが散歩に出てくる前にチッパーの散歩を終えてしまいます。早朝5時は冬だと真っ暗です。街には人気も車の通行もほとんどありません。皆が寝ている間に相棒と散歩ジョギングするのは、他の人がやれないことをしている優越感が味わえます。

人通りのほとんどない早朝には、都会では珍しい野生動物と遭遇することもあります。親子連れのタヌキやハクビシンが道路を横切る姿を見かけます。こんな都会で彼らがどこでどんな生活をしているか不思議です。一度だけ道路の脇に大きなヘビが出てきてびっくりしました。こんなところに彼らが生息できる環境が残っていることへの驚きです。季節によっては渡り鳥の群れが大空を横いっぱいにV字型に広がり、「ヒュー」と羽が空気を滑るような音が響いた時は感動しました。これも早朝散歩者の特権です。ウメの咲く時期になると、池上本門寺の森ではあちらこちらでウグイスの鳴き声が響きます。鳴き始めの頃は上手く鳴けないのですが、そのうち「ホーホケキョ、ケキョケキョ」と心地良い鳴き声に変わります。都内にいながらまるで森の道を散策している気分にしてくれます。

○早朝ジョギング 実現できた！

チッパーとは最初は朝の散歩でした。超元気な相棒は歩くだけでは物足りない様子を見せたので、ウオーキングからジョギングに切り替えると、相棒との歩調のリズムが合いました。

実は早朝ジョギングにずっと憧れていました。30代から40代にかけて、気が向くと近所を走り、年に数回会社の仲間とマラソン大会に参加しました。記録はたいしたことはなく、息も絶え絶え何とかゴールするというヨレヨレの市民ランナーでしたが、完走した達成感とその後のビールは最高でした。月間の練習走行距離を延ばせば記録は伸びて楽に走れるだろうと考え、仕事前に早朝ランニングをしようと何度も決意しました。しかし、第一歩が踏み出せません。前夜はどんなに決意しても、いざその段になると睡魔に負け、結局サラリーマン現役時代に早朝ジョギングは一度も実行できませんでした。

その後、仕事の忙しさにかまけて走らなくなり、マラソン大会にも出なくなってしまいました。50代の半ばになると、運動不足の体は悲惨です。体重は走っていた当時より10キロ以上増え、ウエストサイズも２回りほど太くなってしまいました。このままでは定年後、筋力はますます衰え、いずれ医療施設や介護施設行きになるとの危機感を持ちました。

そんなとき、30～40代に行ったジョギングのそう快感を思い出しました。定年になったら、まずは健康維持のために早朝ジョギングを始めたいと思いました。これまで何度挑戦しても挫折するだけでしたが、盲導犬ボランティアを始めたことですんなりと早朝ジョギングが始まり、現在も続けています。このボランティアは子どものころに憧れていた大型犬を飼う夢を実現すると共に、早朝ジョギングまで実現しました。私にとってまさに一石二鳥と言えます。

○チッパーさまさまね

チッパーの登場で、定年後の私の人生はずいぶん変わりました。子どもたちが独立し、夫婦二人暮らし。世間で言われる定年後のさまざまな危機を乗り越えられているのは相棒チッパーのおかげです。妻からはよく言われます。

「チッパーがいなければ今ごろどうなっていたのかしら。本当にチッパーさまさまだわね」

相棒との生活で得られたメリットの一つ目は、健康です。仕事を辞めて家に引きこもれば運動不足になりがちで、年齢とともに体力、筋力、気力、記憶力の衰えが進みます。相棒との朝1時間のジョギング散歩、夕方1時間のウオーキング散歩で毎日約2万歩の運動になります。ボランティアを始めてから1日も欠かさず散歩を続けているおかげで、70歳を前にしても健康で快適な体を維持できています。

二つ目のメリットは妻との関係です。「亭主元気で留守が良い」と言われるように、妻にとって定年後の夫はうっとうしく邪魔な存在になりがちです。それまで必要がなかった昼食の用意をしなければなりません。気ままに出かけていた外出や友だち付き合いも夫の目が気になり、「どこに行くんだ」と干渉されるとストレスが高まります。地域に足掛かりのない夫はポツンと孤立し、会社時代の友人からの連絡も途絶えがちになります。共通の趣味がなければ互いに疎ましくなっていき、熟年離婚に突き進むこともあります。

しかし、わが家ではチッパーのおかげで家庭内での私の仕事（役割）が確保できました。妻にとっては、大好きなチッパーの大切なパートナー（世話役）として私に一目置かなければなりません。それというのも、当初はチッパーの散歩は妻と交代で行う予定でしたが、チッパーのリードを引く力が強すぎて、朝晩の散歩は１００％私の担当となりました。家庭で私と妻との役割分担が明確となり、夫婦協力してこのボランティアに取り組む体制ができました。チッパーの存在で夫婦の関係が良く保たれたのです。

チッパーはたまたま、リードを引く力が強い特徴がありますが、これは犬それぞれが持っている個性の一つです。決して全ての犬がチッパーのようにではありません。大人しいラブラドールレトリバーもいれば、散歩を嫌がる犬もいます。盲導犬協会では犬とボランティアの相性を考慮したマッチングをしていると聞きました。超元気なチッパーには、定年前からジムで筋トレを始めるなど少しマッチョな私がふさわしかったのかもしれません。これからもチッパーに負けないよう、一層筋トレに励んで体力、筋力を維持していくつもりです。

相棒を飼い始めてからは泊まりがけの旅行には一切行っていません。チッパーの場合は他の犬との接触事故を防止するため、ペットホテルや動物病院へ預けられないからです（どうしてもの事情が生じた場合は、盲導犬協会に連絡して預かってもらえます）。それまで年に数度、夫婦で行っていた温泉旅行や冬のスキー旅行、娘一家が暮らすスイスへの海外旅行などにも行かなくなりました。さらには昨今増えて来たペット同伴で宿泊できる宿に泊まりたいと思いません。旅行に行くよりも家でチッパーとの時間を過ごす方が楽しいのです。この３年間はコロナ禍で世の中全体が旅行に行きにくくなってしまいましたが、わが家ではこれまで通りの生活の延長ですので旅行に関しては何のストレスもありません。それもこれも日々大好きなチッパーとの生活が楽しく充実しているからです。

○年齢を理由に諦めない

これまで紹介してきた相棒チッパーとの生活の中で一番の気づきは、明確な目標を立てて実行に移せば年齢に関係なく結果は自然に付いてくる。だから年齢を理由にあきらめることはないということです。

定年からは、これまでやりたくてもできなかったことに挑戦する。それは何なのかを夫婦で話し合い、盲導犬に関わるボランティアにたどり着きました。できるかどうかはわかりませんでしたが、とにかく行動してみた結果、子どもの頃から憧れていた大型犬チッパーとの生活が実現しました。

その上、それまでは実現できなかった早朝ジョギングが始まり、千日回峰行の修行僧のような日々を楽しんでいます。還暦を過ぎてこれほど運動が続けられるとは思いませんでした。飼育にかかる手間で、定年後の仕事は難しいとも思いましたが、妻の協力を得ながら何とかこなせてきました。大好きなこと、やりたいことをやれば、後は余計な心配しなくても何とかなるのではないでしょうか。

《定年後は、それまでやりたくてもできなかったこと、ずっとやりたかったことを思いっきりやってみろ！》

これが、これまでの相棒チッパーとの暮らしから学んだことです。

第8章

盲導犬をもっと理解して

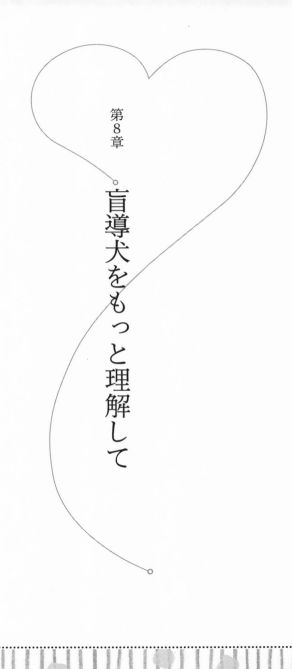

◯まだまだ足りない盲導犬

盲導犬協会から年4回「盲導犬くらぶ」という会報が送られてきます。その「スタートライン」というコーナーでは、新たな盲導犬との共同訓練を終えたユーザーたちが、行動範囲が広がる喜びや新たな相棒（盲導犬）への思いが語られています。それを読むと、出会った最初は盲導犬の歩きが速すぎたり、互いに戸惑ったりすることもあるけれども、一緒に訓練を受け、生活を共にする中で盲導犬と打ち解け親しくなっていく様子が読み取れます。最初から100％の盲導犬がいるわけではなく、ユーザーやその家族と信頼関係を築いていくことで盲導犬も成長していくのだ、と感じました。

視覚に障害がある人は全国で約31万人。盲導犬協会によると、そのうち盲導犬を希望したり将来的に希望しそうな人は約3000人と推計されています。一方、2023年1月現在で同協会の盲導犬は253頭、他に10

団体が盲導犬を育成しており、それらを合わせた国内の盲導犬は８５０頭前後になります（22年3月現在）。潜在的希望者数に対して、全く足りていません。また、盲導犬も年をとると体力・判断力が低下するおそれがあるため約8年で引退します。相棒が引退したユーザーに対しては代替の盲導犬を提供しなくてはなりません。

しかし、盲導犬を育てるには多くの時間と手間、そして費用がかかります。命あるものを育て、教えるのですから当然です。協会の職員たちはもちろん、支えるボランティアも一生懸命頑張っているけれども、要望になかなか追いつかないのが現状だと知りました。

こうした中で最近話題になっているのが、ＡＩ（人工知能）を活用したスーツケース型ナビゲーションロボットです。車輪で自走する「ＡＩスーツケース」には、カメラや位置情報端末などが内蔵されています。周囲の人の動きや障害物などを認知したＡＩが音声でユーザーに注意を促しながら目的地に誘導します。[※7] このＡＩスーツケースの開発には盲導犬協会も積極的に協力していて、「盲導犬や白杖の代わりというより、視覚障害者の行

※７〈ＡＩスーツケース〉全盲の浅川智恵子・日本科学未来館館長（ＩＢＭフェロー）が発案・責任者となり、協力企業からなる「一般社団法人次世代移動支援技術開発コンソーシアム」が開発している。実用化に向けて、各地で実証実験が進められている。

動を広げるための選択肢が増えることはいいこと」と、実用化が期待されています。

その通りだと思います。盲導犬、白杖、ＡＩロボットともそれぞれ利点と特徴があるはずです。相棒チャッパーとの生活で、犬には機械やＡＩにはない、犬ならではの人との関係が築かれることを知りました。その絆が盲導犬を使うユーザーにとって大きな心の安らぎとなっていると思います。

○法律はできても、根強く残る「拒否」

盲導犬協会によると、組織的な盲導犬育成がスタートしたのは１９１６年、第一次世界大戦（１９１４〜18年）で多くの戦傷者を出していたドイツでした。日本で最初に盲導犬が紹介されたのは１９３８年、旅行で盲導犬を連れてきたアメリカ人男性が、国内各地で盲導犬について講演したことによってです。翌年にはドイツから４頭の盲導犬が輸入され、目を負傷した軍人に渡されました。太平洋戦争に敗れた後、国内でも本格的な盲導犬

※８〈**世界の盲導犬状況**〉国際盲導犬連盟に加盟している団体の盲導犬頭数（2022年末）は計2万291頭、国別ではアメリカ10000頭、イギリス4053頭、ドイツ2500頭、オーストラリア1000頭など。人口100万人当りの盲導犬頭数はイギリス60.29頭、オーストラリア38.91頭、アメリカ30.35頭、ドイツ30.03頭です（日本は６.89頭）。

育成事業がスタート、57年にジャーマンシェパードの「チャンピイ」が国産第一号の盲導犬となりました。それから今年（2023年）で66年、盲導犬協会など国の認可を受けた11団体が14カ所の訓練施設で盲導犬を育てています。

一方、世界では約2万頭の盲導犬が活躍していて、特にイギリスやオーストラリア、アメリカなどは人口に対する盲導犬の比率が高く、盲導犬先進国として知られています。[※8]

盲導犬の存在は知られていても、どう育成・訓練されているのか、繁殖犬やキャリアチェンジ犬などの存在、それらに関わる多くのボランティア――私自身、説明会に出るまでは知らないことばかりでした。

残念なのは、無知からくる偏見や誤解です。法律にも基づいた権利として、[※9]ユーザーは盲導犬と一緒に電車、バスなどの公共輸送機関に乗るのはもちろん、ホテル、レストランなど不特定多数の人が利用する施設に自由に入れます。でも残念ながら「(犬を)嫌がる客がいるから」「毛が落ちて不衛生だから」と拒否されるケースがまだ多いのが実態です。盲導犬協会は

※**9**〈**身体障害者補助犬法**〉2002年に成立し、公共の施設や公共交通機関で補助犬（盲導犬、聴導犬、介助犬）の同伴受け入れが義務付けられ、翌年の改正で宿泊施設や飲食店、病院などにも拡大された。07年の改正では、一定規模以上の民間企業では勤務している身体障害者の補助犬使用受入れが義務化されたほか、都道府県等に相談窓口が設置された。

毎年ユーザーを対象に調査していますが、２０２２年は回答があったユーザー２１８人中、45%の１００人が「受け入れ拒否されたことがある」と回答、複数回拒否されたユーザーもいて、のべ拒否回数は１９６件にもなります。内訳は飲食店が92件、宿泊施設が25件、交通機関でも24件ありました。中には、医療機関で「ワクチン接種会場で犬は入口で待たせるよう「犬は土足なのでコロナを持ち込む可能性が高い」と言われたケースもあったといいます。

また、盲導犬は仕事をさせられてかわいそうだ、という誤解もあります。このボランティアを始めてから何度も神奈川訓練センターに行って、訓練センターの広い庭で盲導犬候補の犬たちの訓練を見る機会がありました。訓練を受けている犬たちは指導員が投げるボールやおもちゃを相手に、尻尾をブンブン回し、身体全体で喜びを表していました。訓練の一環ですが、指導員といかにも楽しそうでした。訓練の基本は失敗しても叱らず、指示に従った場合には「**グッド、グッド**」と褒めることが基本です。一昔前の体育会系運動部のように、叩いたり罵声を浴びせて命令に従わせたりすることはしません。

盲導犬はユーザーからかけがえのない相棒として、たっぷりの愛情をかけられます。また、誘導する仕事中も決してかわいそうではありません。ユーザーと一緒の時間を楽しんで過ごしています。とはいえ、仕事は仕事、盲導犬はハーネスというユーザーをリードする道具を体に装着すると、仕事モードに切り替わり集中力が増すと聞きました。

○多様な盲導犬ボランティア

盲導犬協会の２０２３年1月現在の主な育成状況は、パピー88頭、訓練犬68頭、盲導犬２５３頭、繁殖犬49頭、ＰＲ犬18頭、引退犬１６９頭……などです。協会ではパピーや繁殖犬、引退犬、キャリアチェンジ犬を預かってくれるボランティアを募集しています。主なボランティアを以下で紹介しますが、いずれも単身者でない家庭が求められ、ドックフードや消耗品はボランティアの負担となります。

▽**パピーウォーカー**＝生後2カ月から1歳前後までの約10カ月間、子犬を家族の一員として迎えて、子犬に人と一緒に安心して暮らすための関係作りと家庭でのルールを教えるボランティア。

▽**引退犬飼育ボランティア**＝引退した盲導犬を家族の一員として迎え、最後まで飼育するボランティアです。引退後の余生をのんびりと過ごさせてあげます。

▽**繁殖犬飼育ボランティア**＝私がしているボランティアです。盲導犬協会の繁殖計画に基づき、交配・出産する父犬、母犬の飼育ボランティアです。

▽**キャリアチェンジ犬飼育ボランティア**＝身体的な懸念があったり、盲導犬には向かないと判断されたキャリアチェンジ犬を家族の一員として迎え、最後まで飼育するボランティアです。

こうした飼育系ボランティア以外にも、ケンネルボランティア（犬舎の掃除や犬用タオルの洗濯など）、イベントボランティア（イベント開催時に手伝う）があります。特に飼育系ボランティアでは犬の健全な生育のために、いくつかの条件が求められます。具体的なことは盲導犬協会のホームページに記載されているので、良かったら検索してみてください。

私は繁殖犬飼育ボランティアをやって本当に良かったと思っています。チッパーの飼育では盲導犬協会から散歩から日常の対応まで基本から教えてもらいました。最初はここまで制限が必要なのかという戸惑いもありましたが、相棒と7年間を共に暮らして犬を飼うには相応の覚悟やそれなりの環境が必要なのだと悟りました。

犬でもネコでもかわいがるだけでなく、彼らの命・健康を大事にして快適な環境を提供して飼育しなければなりません。残念ながら、劣悪な環境で多くの犬を狭いケージに閉じ込めて繁殖させる悪徳ブリーダーや、悲惨な多頭飼育崩壊についての報道が後を絶ちません。むやみに吠えたり、散歩途中のフンを放置するなど一部マナーが守られていないこともあるでしょうが、犬と入店できる飲食店はまだ少ないですし、犬立ち入り禁止の公園も多いのが現状です。チッパーとの暮らしで得た癒しや喜びは、飼育の労苦と比べ物にならない大きさでした。犬と共生する文化が育ち、根付いていくことを願っています。

追章　まさかの暗転

本来は前章（8章）で終わる予定で、出版に向けての原稿もほぼ完成していました。「盲導犬繁殖犬ボランティアになって、健康になり生きがいも感じている。そうした経験を定年おやじの参考にしてもらえたら」の思いでした。相棒との暮らしは、穏やかな天気と凪いだ海を進んでいるように感じていました。

今年（2023年）サクラが散り始める頃までは……。

○予兆？　チッパーに異変

3月27日まだ暗い3時頃、突然、チッパーがこれまで聞いたことのない悲鳴を上げました。急いで駆けつけケージから出して歩かせてみると、左前足を着くと痛がりました。いつも元気すぎるチッパーが痛がったのは初めてでした。そのまま添い寝をして朝を迎えると、動物病院に連れて行きました。獣医も原因が分からず、鎮痛剤を渡され高額なサプリメントを勧められました。

チッパーの足の痛みはすぐには回復せず、散歩ジョギングはできなくなりました。そこで、短縮した距離をチッパーと歩いた後、それまで（他の犬と遭遇しやすく）行きにくかったジョギングコースに一人挑戦しました。この時点では私が病に冒されているなんて知る由もありません。いま思えば、チッパーが痛がらなければ、そのまま朝晩の散歩ジョギングを続け、より深刻な状況に陥る可能性があった気がします。チッパーの〝予兆〟によって、私が最悪のケースを避けられたのかもしれません。

○今度は自分、息苦しく走れない

鎮痛剤が効いたのかサプリメント効果なのか、チッパーが元気を取り戻す一方で、今度はいきなりの体調異変が私にやってきました。4月17日の朝、いつも通りジョギングを始めたのですが、途中息苦しくなって走れなくなりました。こんなの初めてです。しばらく歩いて息を整え、再びジョギングしようとしても体が言うことを聞きません。それだけでなく、ジムのランニングマシーンで走れなくなったほか、スイミングクラブでも息が上がって泳げなくなりました。１週間ほどたつと、頭痛に一日中悩まされ、息切れが激しくなり、食欲は消え、大量の寝汗をかくようになりました。なんということもない散歩コースの登り坂が歩けなくなりました。体温計で測ると38度近い熱、さすがに何か変だと気付きました。

ＧＷの連休明けに近くの医院を受診。原因は分からないものの、貧血、肝機能低下など検査結果が悪かったことから、大森赤十字病院への紹介状を書いてもらいました。

○チッパーを引き取ってもらう

同病院の血液内科を受診。検査の結果、慢性骨髄単球性白血病（ＣＭＭＬ）と病名を告げられました。血液細胞（赤血球、白血球、血小板など）のもとになる造血幹細胞に異常が生じて、正常な血液細胞がつくられなくなる病気で、高齢者に多いと説明されました。この時は、「余り聞いたことがない病気だな〜」としか思いませんでしたが、通院を続けていても体調が坂道を転げ落ちるように悪化していくのが分かります。これ以上チッパーの世話はできないと、盲導犬協会に引き取ってもらうように依頼、チッパーは5月26日、協会の車でわが家を離れました。どれほどの期間預けるのか？　再びチッパーを飼えるのだろうか？　そんな疑問の答えも考えられないほど私の心と体はボロボロの状態に陥っていました。

翌27日朝、息苦しさで目覚めました。まるで水の中で溺れかけているようで、このまま死ぬのかと覚悟しました。妻が救急車を呼び、ストレッチャーに乗せられて病院に担ぎ込まれました。手当を受け少し楽になりましたが、呼吸困難、胸の苦しさは肺や心臓に水がたまったことによる急性心不全の症状だったようです。そのため、利尿剤で強制的に水（尿）を出させる処置が行われ、その作用で体重は10キロも減り、げっそりとした体と顔は島に流れ着いた漂流者のようにも見えました。

10日ほど入院しましたが、退院の前日、主治医から「あなたの症状では平均的にこれくらい生存しています」と〝余命〟を告げられました。一日中ベッドで寝ていたので体中の筋肉がコリ固まってしまい、自宅に帰ってからも肩から背中にかけてジンジンした痛みが続いて眠れない日々が続きました。通院時にこの痛みを訴えたら湿布を処方してくれ、これが魔法のように効いたのです。痛みがなく普通に眠れることがこれほど幸せだと、初めて知りました。

今年の父の日（6月18日＝第3日曜日）、わが家は大賑わいでした。これまで父の日は何のイベントもなく過ぎていましたが、今年は長女、三女たちが家族ぐるみで集まって（スイス在住の次女はウェブ参加）、私を気遣い、励ましてくれました。

私の面倒を見るため、妻は週2回の介護の仕事を辞めて、入浴から着替えなど私に寄り添ってくれています。福祉や介護に詳しい長女もトイレの手すりや車イスを用意してくれ、病院への送迎もやってくれています。家族には感謝するしかありません。

○相変わらずのチッパー

退院して少し落ち着くと、チッパーがどうしているか気になって仕方ありません。一目でも会えたらと、「神奈川訓練センターに行くので会わせてもらえないか」と盲導犬協会に連絡したところ、思いがけない返事をいただきました。

「6月23日、協会の車でチッパーをご自宅に届けます。午前中に行くので、(引き取りに行く)夕方までゆっくり過ごしてください」。その心遣いに思わず涙がこぼれました。

その日午前10時過ぎ、盲導犬協会の繁殖担当指導員2人が車でチッパーを連れてきてくれました。1カ月近く離れていたのに、チッパーは落ち着いた様子で〝わが家〟に帰ってきました。この間、チッパーは訓練センターの一番奥の指定席でほとんど寝ていて、夜間は指導員の自宅マンションで過ごしている、と聞きました。マイペースで多少の物事には動じない相棒の様子を聞き、ひとまずはホッとしました。午後は長女の家族がチッパーに会いにきて再会を喜んでいました。大型犬は散歩、食事、排泄以外の多くは寝て過ごします。チッパーも私の匂いを嗅いだ後は、窓際の定位置にゴロリと横になって大きなイビキをかいて寝てしまいました。この相変わらずさ加減が心を和ましてくれます。

チッパー、お互いガンバロウな！

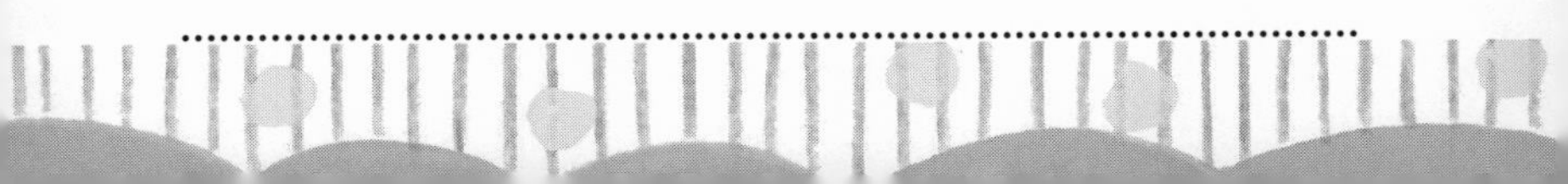

おわりに

私はいま68歳と7カ月。若い時から健康だけは自信があったのに今春急に発症、病院で「平均ではこれくらいです」と、余命を具体的数字で告げられました。淡々とした医師の言葉に同席していた妻良子と顔を見合わせましたが、不思議なほど死への恐怖を感じない自分に少し戸惑いも感じていました。

人生、明日はどうなるのか分からないものだ、とつくづく思いました。一方で、日々報じられているように事件事故、病気、災害などに巻き込まれ、多くの人々がなんの準備をする間もなく亡くなっていること考えると、平均の数値とは言え余命宣告を受けたことで、これまでの人生を振り返り、身辺整理する時間を与えられたことはラッキーだったかもしれないと感じています。

6月初めに退院した後は予想以上の忙しさに追われました。定年後に立ち上げた会社の整理、複数のカードの解約、車の処分、ジムなどの退会手続き……何とか月末までに身辺整理をほぼ終えることができました。この先どうなるか分かりませんが、新たな気持ちでこれからの人生に向き合おうと考えています。

◇

「定年後の盲導犬ボランティアのおかげで、健康で充実した生活を送っています」で出版のはずが、とんだ〝どんでん返し〟を追加する羽目になってしまいました。そのため、追章という形で経緯を報告、全体として木に竹を継いだようになったのは〝人生何が起きるか分からない〟としてお許しいただきたい。

私にボランティアの機会を与えていただき、常に支援とアドバイスをしてくれた公益財団法人日本盲導犬協会に感謝しています。また、私の病気や企画の変更に辛抱強く付き合ってくれた海象社・瀧川徹代表と「ＮＰＯ法人企画のたまご屋さん」の寺口雅彦氏（文筆堂代表）にもお世話になりました。

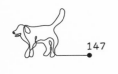

なにより私を支えてくれた家族と、定年後の人生を充実したものにしてくれた相棒チッパーに深く感謝しています。中でも人生の伴侶である良子には「ありがとう」の気持ちを伝え、この本をささげたいと思っている。

2023年7月1日
白石裕雄

【著者】
白石 裕雄（しらいし・ひろお）
1954年12月東京都生まれ。工学院大学を卒業、1978年㈱サトー〈現・サトーホールディングス㈱〉に入社。バーコードの創成期から普及に取り組む。2014年定年退職、サトーヘルスケア㈱アドバイザー、（一社）日本自動認識システム協会医療自動認識プロジェクトリーダー。著書・監修に『サラリーマンの理想的働き方・社内フリーター』（文芸社）、『知っておきたい医療業界のバーコード化入門テキスト』（日本工業出版）、『最新の医療業界のバーコード化』（同）など。再婚した妻と長女一家の２世帯で暮らす。趣味は水泳、ジョギング、小唄（師範・春日豊喜雄）、俳句。

盲導犬繁殖犬チッパーさまさまね　定年おやじ奮闘記

2023 年 9 月 10 日　初版発行

著　者／白石 裕雄
発行人／瀧川　徹
発行所／株式会社海象社
〒 103-0016　東京都中央区日本橋小網町 8-2
TEL：03-6403-0902　Fax：03-6868-4061
カバーデザイン／江森恵子（株）クリエイティブ・コンセプト
本文デザイン／松田晴夫（株）クリエイティブ・コンセプト
印刷／モリモト印刷株式会社

ISBN978-4-907717-35-3　C0036
●落丁・乱丁本はお取替えいたします。定価はカバーに表示しています。
Printed in Japan